REINVENTARSI A 40 ANNI

CARLO MORETTI

Sommario

Capitolo 1: Introduzione - Perché cambiare vita dopo i 40 anni

Il periodo nel quale siamo vivendo è caratterizzato da grandi cambiamenti, sia dal punto di vista sociale che lavorativo. La pandemia globale ha avuto un impatto enorme sulle nostre vite, portando molti di noi a riconsiderare le priorità e a riflettere sul nostro futuro. In particolare, molti si sono chiesti se il lavoro che svolgono sia veramente soddisfacente dal punto di vista personale e professionale.

Questo è un interrogativo che diventa ancora più rilevante quando si ha superato i 40 anni, un'età in cui spesso ci si sente più stabili e consolidati, ma anche più a rischio di cadere nella routine e nella stagnazione professionale. Tuttavia, cambiare vita dopo i 40 anni può sembrare un'impresa ardua e spaventosa, soprattutto se si è abituati a una certa stabilità economica e sociale.

Ma perché dovremmo cambiare vita dopo i 40 anni? Ci sono molte ragioni valide per farlo, a cominciare dal fatto che la vita è breve e non dovremmo sprecarla facendo qualcosa che non ci rende felici o soddisfatti. Inoltre, il mondo sta cambiando rapidamente e molte delle professioni di oggi potrebbero non esistere più nel giro di qualche anno. Quindi, imparare a reinventarsi è essenziale per rimanere al passo con i tempi e trovare il proprio posto nel mondo del lavoro.

Ma come fare, concretamente? La risposta dipende da molti fattori, come le nostre competenze, le nostre passioni e le nostre esigenze economiche. In primo luogo, è importante capire quali sono le nostre vere passioni e valutare se queste possono diventare la base per una nuova attività professionale. Occorre inoltre identificare le nostre competenze e capire come queste possono essere utilizzate in modo creativo e innovativo, e avere un piano d'azione concreto e realistico, che tenga conto delle nostre esigenze finanziarie e delle opportunità disponibili sul mercato del lavoro.

Il periodo storico che stiamo attraversando può rappresentare sia una sfida che un'opportunità per chi vuole reinventarsi a 40 anni. Da un lato, la pandemia ha causato un forte impatto sull'economia e sul mercato del lavoro, rendendo più difficile trovare un lavoro stabile e ben remunerato. D'altra parte, la crisi ha anche creato nuove opportunità di lavoro, ad esempio nel campo delle nuove tecnologie, del lavoro a distanza e dell'economia digitale.

Cambiare vita dopo i 40 anni può essere un'esperienza gratificante e stimolante, ma richiede coraggio, creatività e determinazione. È importante capire che la vita è in continua evoluzione e che dobbiamo essere disposti ad adattarci ai cambiamenti per trovare il nostro posto nel mondo. La flessibilità, la passione e la volontà di imparare sono gli ingredienti fondamentali per un cambiamento di vita di successo.

Capitolo 2: Esplorare i motivi del cambiamento

Parlare di cambiamento a 40 anni può sembrare spaventoso, ma può anche essere l'inizio di una nuova avventura emozionante. Esplorare i motivi che ti spingono a cambiare è fondamentale per capire quale direzione prendere e quali azioni intraprendere per raggiungere i tuoi obiettivi.

Uno dei motivi principali per cui le persone decidono di cambiare a 40 anni è la ricerca di un maggiore equilibrio nella vita. A questa età, molte persone si rendono conto che la loro carriera ha occupato la maggior parte del loro tempo e che hanno trascurato altre aree importanti della loro vita, come la famiglia, gli amici, gli hobby e il benessere personale. In questo caso, il cambiamento potrebbe comportare una riduzione dell'orario di lavoro, la ricerca di un lavoro più flessibile o il ritorno a un hobby trascurato.

Un altro motivo per il cambiamento può essere la ricerca di nuove sfide e opportunità di crescita. A 40 anni, molte persone hanno già acquisito esperienze significative nella loro carriera, ma potrebbero sentirsi bloccate o insoddisfatte. In questo caso, il cambiamento potrebbe comportare la ricerca di un nuovo lavoro in un settore diverso o la partecipazione a corsi di formazione per acquisire nuove competenze.

Altri motivi per il cambiamento possono includere la necessità di una maggiore indipendenza o la ricerca di una vita più semplice e meno stressante. Alcune persone potrebbero anche avere bisogno di un cambiamento per far fronte a una crisi personale, come la fine di una relazione o la perdita di un lavoro.

Indipendentemente dai motivi che ti spingono a cambiare, è importante riflettere attentamente sulle tue priorità e sui tuoi obiettivi per assicurarti di intraprendere la strada giusta. Inoltre, dovresti prendere il tempo per valutare le tue risorse e le tue capacità, e identificare eventuali ostacoli che potresti incontrare lungo il percorso.

Esplorare i motivi del cambiamento è un passo importante per capire quale direzione prendere nella tua vita e come raggiungere i tuoi obiettivi. Sii sincero con te stesso riguardo alle tue priorità e ai tuoi desideri, valuta attentamente le tue risorse e preparati ad affrontare gli ostacoli che potrebbero sorgere lungo il percorso.

Tutto questo può richiedere tempo e impegno, ma è essenziale per capire la direzione in cui vuoi andare. Chiediti cosa ti ha portato a considerare un cambiamento nella tua vita. Forse hai raggiunto un punto morto nella tua carriera o nella tua relazione, o forse senti che c'è qualcosa di più che potresti fare per te stesso. Può essere utile scrivere questi motivi su un foglio di carta o tenerli in mente per poterli riconsiderare in seguito.

Può aiutarti a identificare i tuoi valori e ciò che è importante per te. Chiediti cosa ti dà significato nella vita e quali sono le tue priorità. Questi fattori possono influenzare la tua scelta di cambiare e la direzione che decidi di prendere.

È anche importante essere onesti con te stesso riguardo ai tuoi punti di forza e di debolezza. Cosa sei bravo a fare e cosa ti manca? Quali sono le tue paure e le tue preoccupazioni? Prendi in considerazione anche gli aspetti pratici del cambiamento, come la tua situazione finanziaria, la tua rete di supporto e le conseguenze potenziali.

Esplorare i motivi del cambiamento può aiutarti a trovare ispirazione e motivazione per andare avanti. Cerca storie di persone che hanno intrapreso un percorso simile al tuo e come hanno affrontato le sfide lungo il cammino. Chiedi ai tuoi amici e familiari il loro supporto e la loro opinione, e considera di consultare un professionista per aiutarti a fare chiarezza sui tuoi obiettivi e le tue opzioni.

Ricorda che un tale processo può essere emotivamente intenso, ma anche estremamente gratificante. Una volta che hai identificato i tuoi motivi e le tue priorità, sarai in grado di fare scelte consapevoli e muoverti verso una vita più soddisfacente e significativa.

Capitolo 3: Analizzare le proprie abilità e competenze

L'analisi delle proprie abilità e competenze è fondamentale per chiunque voglia intraprendere una transizione di carriera a 40 anni. Comprendere i propri punti di forza e debolezza è il primo passo per valutare le opzioni disponibili e capire come sfruttare al meglio le proprie competenze nel nuovo contesto lavorativo.

La valutazione delle proprie abilità può essere fatta utilizzando diverse tecniche. Una delle più comuni è quella di creare una lista delle attività in cui si eccelle o di identificare i momenti in cui ci si sente più realizzati. Altri metodi utili possono includere l'utilizzo di test di personalità o la richiesta di feedback ai colleghi o alle persone con cui si è lavorato in passato. In questo modo, si può capire meglio come gli altri ci vedono e quali competenze riconoscono in noi.

Una volta identificate le nostre abilità, è importante valutare anche le nostre competenze. Le competenze sono le conoscenze pratiche che abbiamo acquisito durante la nostra carriera e che possono essere trasferite in altri contesti lavorativi. Identificare le nostre competenze ci permette di capire in quali ruoli o settori potremmo avere successo e quali opportunità lavorative potrebbero essere disponibili.

Tuttavia, non è sufficiente identificare le nostre abilità e competenze: è anche importante valutare come queste possono essere utilizzate in un nuovo contesto lavorativo. Questo può richiedere la ricerca di nuove opportunità di lavoro, la valutazione di ruoli che richiedono le nostre competenze o l'analisi delle tendenze del mercato del lavoro per identificare le aree in cui le nostre abilità potrebbero essere richieste.

Un altro aspetto importante dell'analisi delle proprie abilità e competenze è la valutazione delle lacune e dei bisogni di formazione. Identificare i gap nelle nostre competenze e acquisire nuove conoscenze può essere un passo importante per aprire nuove opportunità lavorative e migliorare le nostre prospettive di carriera.

Oltre alle nostre abilità e competenze, è importante considerare anche i nostri interessi e passioni. Fare una lista dei nostri hobby o delle attività che ci piace fare può aiutarci a capire se ci sono opportunità lavorative in queste aree o se ci sono modi per integrare i nostri interessi nella nostra carriera.

Infine occorre anche valutare la propria motivazione e determinazione. La transizione di carriera può essere un processo difficile e richiedere tempo e sforzo. Capire la propria motivazione e le ragioni per cui si vuole cambiare carriera può aiutare a superare le difficoltà e perseverare nel raggiungimento dei propri obiettivi.

Questa analisi è un processo che richiede tempo e impegno, ma può aiutare a identificare le nostre forze e debolezze, valutare le opportunità disponibili e aprire nuove possibilità lavorative.

Inoltre, è possibile utilizzare gli strumenti di autovalutazione per aiutare nella valutazione delle proprie abilità e competenze. Ci sono molte risorse online disponibili, come i test di personalità e i quiz di carriera, che possono aiutare a identificare i propri punti di forza e debolezza.

Un'altra strategia utile è quella di cercare modelli da seguire. Trovare qualcuno che ha già fatto la transizione di carriera che si desidera fare e studiare il loro percorso può essere molto utile per comprendere quali abilità e competenze sono necessarie e quali sfide possono essere affrontate lungo il percorso.

Infine, è importante comprendere che questa fase non è un processo statico, ma piuttosto un processo continuo che richiede costante revisione e aggiornamento. Ciò significa che, anche dopo aver fatto una valutazione iniziale, è importante continuare a riflettere sulle proprie esperienze e competenze acquisite, in modo da poter adattare e sviluppare la propria strategia di carriera.

In conclusione, l'analisi delle proprie abilità e competenze è un passo cruciale per chiunque stia cercando di fare una transizione di carriera a 40 anni. Questo processo richiede tempo e impegno, ma può aiutare a identificare le proprie forze e debolezze, valutare le opportunità disponibili e aprire nuove possibilità lavorative. Utilizzando una varietà di tecniche e risorse, è possibile acquisire una comprensione più approfondita di se stessi e del proprio potenziale, e iniziare a pianificare un percorso di carriera che sia soddisfacente e gratificante.

Capitolo 4: Esplorare le proprie passioni e interessi

Esplorare le proprie passioni e interessi può essere un processo lungo e complesso, ma anche estremamente gratificante. Se sei alla ricerca di ciò che ti appassiona veramente, ci sono diverse strategie che puoi utilizzare per aiutarti in questo viaggio.

Da dove partire? Cerca di ricordare ciò che ti ha appassionato da bambino. Hai mai avuto un hobby o un interesse che ti faceva sentire entusiasta e motivato? Ci sono probabilmente ancora tracce di quella passione in te oggi, anche se può essere sepolta sotto anni di esperienze ed influenze esterne. Prenditi del tempo per riflettere su quelle attività e capire se sono ancora importanti per te. Potrebbe essere il momento di riscoprirle e coltivarle nuovamente.

Non avere paura di sperimentare cose nuove. Ci sono così tante attività ed esperienze là fuori che potrebbero catturare la tua attenzione, ma non lo saprai mai se non le proverai. Puoi partecipare a corsi di prova o lezioni introduttive, iniziare a leggere libri o guardare video sulle tematiche che ti incuriosiscono, oppure provare nuovi hobby con amici o membri della tua comunità. Non importa quale sia l'approccio che scegli, il punto è quello di aprirti a nuove possibilità e vedere dove ti portano.

Impegna te stesso in attività che ti sfidano. Spesso, le attività che ci appassionano di più sono quelle che ci fanno sentire energici e impegnati. Se sei alla ricerca di una nuova passione, cerca attività che ti mettano alla prova in modi che ti motivano. Potrebbe essere una nuova forma di fitness, una nuova lingua da imparare, o un progetto creativo che ti richiede di uscire dalla tua zona di comfort. Scegliere attività che ti sfidano può aiutarti a scoprire nuove passioni e interessi che non sapevi nemmeno di avere.

Non aver fretta nel trovare la tua passione. Il processo di scoperta di ciò che ti appassiona veramente richiede tempo e pazienza. Non preoccuparti se non riesci a trovare subito qualcosa che ti cattura completamente. Il processo di esplorazione e scoperta è in sé stesso una parte importante del viaggio e ti aiuterà a scoprire nuove cose su te stesso e sul mondo intorno a te.

Quando si cerca di esplorare le proprie passioni e interessi, ci sono molte strade da seguire. Una buona strategia potrebbe essere quella di guardarsi intorno e cercare le cose che catturano la tua attenzione. Puoi iniziare guardandoti intorno e notando le cose che trovi interessanti, come eventi, attività, libri, film, persone, luoghi e così via.

Una volta individuati questi elementi, potresti iniziare a sperimentare alcune di queste cose. Ad esempio, se ti piace la fotografia, potresti iniziare a fotografare oggetti interessanti o a frequentare corsi di fotografia per migliorare le tue abilità. Se ti piace cucinare, potresti sperimentare nuove ricette e cercare di creare piatti deliziosi.

Un'altra cosa da considerare è quella di esplorare le proprie passioni attraverso l'apprendimento. Puoi leggere libri, guardare documentari o seguire corsi online su argomenti che ti interessano. Questo ti aiuterà ad acquisire una conoscenza più approfondita su ciò che ti piace, ma anche a scoprire nuove passioni.

È anche importante esplorare le proprie passioni con altre persone. Potresti unirti a gruppi o club di persone che condividono i tuoi interessi, partecipare ad eventi o partecipare a comunità online. Questo ti aiuterà a trovare persone che la pensano come te e che possono condividere con te idee e suggerimenti utili.

Dovresti cercare di uscire dalla tua zona di comfort. Spesso ci limitiamo alle attività che conosciamo già, ma provare cose nuove può portare alla scoperta di nuove passioni. Puoi iniziare piccolo, come ad esempio provare un nuovo sport o frequentare un corso di cucina, per poi gradualmente passare a cose più grandi.

Non dimenticare che le passioni possono cambiare e evolversi nel tempo. Ciò che ti appassionava in passato potrebbe non farlo più oggi, e viceversa. Quindi non aver paura di esplorare nuove cose e di lasciarti ispirare da nuovi interessi.

Esplorare le proprie passioni e interessi richiede curiosità, sperimentazione e apertura mentale. Non c'è una formula magica, ma la cosa importante è iniziare a esplorare, provare cose nuove e lasciarsi ispirare.

Capitolo 5: Identificare le opportunità di lavoro alternative

Nella ricerca di opportunità di lavoro, spesso ci concentriamo sulle opzioni tradizionali come cercare un impiego presso un'azienda o aprire un'attività in proprio. Tuttavia, esistono anche numerose opportunità di lavoro alternative che possono essere altrettanto gratificanti e redditizie. Vediamo alcune di queste opportunità.

Esplorare il mondo del freelancing

Il freelance è un tipo di lavoro che consente di lavorare in modo autonomo e indipendente, offrendo servizi a diverse aziende o clienti. Puoi lavorare da casa o da qualsiasi luogo tu voglia, decidere quanto lavorare e impostare il tuo prezzo. Le competenze richieste dipendono dal tipo di lavoro che svolgi, ma ci sono molte piattaforme online come Upwork, Fiverr e Freelancer che collegano i professionisti ai clienti.

Investire in attività immobiliari

Investire in proprietà immobiliari può essere un'opzione redditizia per coloro che desiderano guadagnare denaro extra. Ci sono diverse opzioni tra cui scegliere, tra cui l'acquisto di proprietà da affittare o la partecipazione a programmi di crowdfunding immobiliare. Tuttavia, l'investimento immobiliare richiede una certa quantità di denaro iniziale e la conoscenza del mercato immobiliare.

Avviare un'attività di e-commerce

L'e-commerce è in continua crescita e sempre più persone acquistano beni online. Questo significa che ci sono molte opportunità di avviare un'attività di e-commerce e vendere prodotti online. Puoi scegliere di vendere prodotti che hai creato tu stesso o di diventare un rivenditore per altri produttori.

Esplorare le opportunità di lavoro all'estero

Lavorare all'estero può essere un'esperienza altamente gratificante e stimolante. Ci sono diverse opzioni tra cui scegliere, tra cui l'insegnamento della lingua inglese, il lavoro all'estero nelle organizzazioni non governative (ONG) e il lavoro all'estero nel settore del turismo. Lavorare all'estero ti darà la possibilità di sperimentare una nuova cultura e di migliorare le tue competenze linguistiche.

Approfondiamo l'opzione del lavoro freelance.

Se sei un professionista esperto in un settore specifico, potresti considerare l'opzione di diventare un consulente freelance. Puoi offrire i tuoi servizi alle aziende che hanno bisogno di un'esperienza esterna, svolgere progetti su base contrattuale e scegliere i progetti che ti interessano di più.

Il lavoro freelance è diventato sempre più popolare negli ultimi anni grazie alle nuove tecnologie e alla crescente tendenza di lavorare in modo indipendente. In sostanza, il lavoro freelance implica lavorare per sé stessi, invece di essere un dipendente di un'azienda o un'organizzazione.

I freelancer possono lavorare in molti settori diversi, come la scrittura, la progettazione grafica, lo sviluppo web, la consulenza, la traduzione e molte altre. Ciò significa che c'è una vasta gamma di opportunità di lavoro freelance disponibili.

Il lavoro freelance può offrire molti vantaggi, come la libertà di scegliere i propri progetti e clienti, la flessibilità di orari, la possibilità di lavorare da casa o ovunque si desideri e la possibilità di guadagnare di più rispetto a un lavoro tradizionale. Tuttavia, ci sono anche sfide, come la necessità di trovare costantemente nuovi clienti, gestire la propria contabilità e avere una buona organizzazione del tempo.

Per diventare un freelance di successo, è necessario avere abilità specifiche nel proprio campo di lavoro e una buona conoscenza delle tecniche di marketing e di networking. Inoltre, è importante avere una buona capacità di gestione del tempo e delle risorse per garantire che si possano completare i progetti in modo efficiente e soddisfacente per i clienti.

Una buona strategia per avviare una carriera di freelance è quella di creare un portfolio di lavoro che mostri le proprie abilità e le esperienze precedenti. Questo può essere fatto attraverso la creazione di un sito web personale o di un profilo su piattaforme online specializzate. Inoltre, è importante avere una buona comprensione del proprio mercato target e di come raggiungerlo attraverso strategie di marketing efficaci.

Una delle sfide più importanti per i freelance è quella di stabilire il proprio prezzo e di negoziare in modo efficace con i clienti. È importante avere una comprensione del valore del proprio lavoro e del mercato in cui si opera, in modo da poter determinare un prezzo equo e giusto per il proprio lavoro. Inoltre, è importante essere in grado di comunicare il proprio valore ai clienti e di negoziare in modo efficace per ottenere le migliori opportunità di lavoro e i compensi più adeguati.

Capitolo 6: Valutare il rischio finanziario e come affrontarlo

Comprendere il rischio finanziario è essenziale per coloro che vogliono intraprendere un percorso imprenditoriale o lavorativo autonomo. Il rischio finanziario si riferisce alla possibilità di subire perdite finanziarie a causa di eventi imprevisti, come la perdita di un lavoro, l'impossibilità di raccogliere fondi, la mancanza di clienti o la diminuzione del mercato. È importante comprendere che ogni attività imprenditoriale o lavoro autonomo comporta un certo grado di rischio finanziario.

Per ridurre il rischio finanziario, è necessario identificare e valutare attentamente tutti i possibili fattori di rischio e adottare le misure necessarie per mitigare tali rischi. Ciò include la creazione di un piano finanziario solido, l'investimento in fonti di reddito multiple e la diversificazione degli investimenti finanziari. Inoltre, è importante rimanere costantemente informati sulle tendenze del mercato e sulle opportunità di investimento disponibili.

In generale, è importante ricordare che ogni attività lavorativa o imprenditoriale comporta un certo grado di rischio finanziario e che il successo dipende in gran parte dalla capacità di gestire il rischio in modo efficace. Ciò richiede una pianificazione attenta, una valutazione continua dei rischi e un'attenzione costante alle opportunità di investimento.

Analizzare la propria situazione finanziaria attuale è un passo fondamentale per valutare il rischio finanziario e affrontarlo in modo adeguato. Innanzitutto, è importante fare un bilancio dettagliato delle entrate e delle uscite, ossia dei soldi che si guadagnano e di quelli che si spendono. In questo modo, si può capire se si sta spendendo più di quanto si guadagna o se ci sono margini per risparmiare.

È anche importante considerare l'eventuale presenza di debiti, come mutui o prestiti, e valutare il loro impatto sulla propria situazione finanziaria. In questo modo, si possono individuare le eventuali difficoltà e prenderne consapevolezza per cercare di risolverle.

Inoltre, è consigliabile analizzare anche la propria situazione patrimoniale, ossia il valore dei beni posseduti come immobili, veicoli o investimenti. Questo può aiutare a valutare il proprio grado di sicurezza finanziaria e ad identificare eventuali rischi o opportunità di investimento.

Molto importante è prendere in considerazione anche la situazione del mercato e le eventuali fluttuazioni economiche che possono influenzare la propria situazione finanziaria. Ad esempio, una recessione economica può comportare una diminuzione dei redditi e un aumento della disoccupazione, con conseguenti difficoltà finanziarie per molte persone

Ora ci concentreremo sull'importanza di identificare i rischi finanziari a cui siamo esposti. Capire i rischi finanziari a cui si può andare incontro è la chiave per prevenirli e gestirli al meglio.

Ci sono molti tipi di rischi finanziari, e questi possono variare in base alle singole situazioni. Ad esempio, alcuni di noi possono essere esposti a rischi finanziari legati al lavoro, come la perdita di un posto di lavoro o la riduzione del reddito. Altri possono essere esposti a rischi finanziari legati alla salute, come spese mediche impreviste o una disabilità che limita la capacità di lavorare.

Ci sono rischi finanziari più comuni che possono colpire chiunque, come i debiti eccessivi, i costi imprevisti della vita quotidiana o le fluttuazioni del mercato finanziario. Identificare i rischi finanziari a cui siamo esposti è il primo passo per affrontarli e prevenirli, in modo da proteggere il nostro patrimonio e garantire la nostra stabilità finanziaria.

Per identificare i rischi finanziari, è importante fare una revisione approfondita della nostra situazione finanziaria attuale, esaminando il nostro reddito, le spese, i risparmi e gli investimenti. In questo modo, possiamo individuare le aree di maggiore fragilità e i punti deboli della nostra situazione finanziaria.

Una volta identificati i rischi finanziari a cui siamo esposti, dobbiamo valutare il loro impatto sulla nostra situazione finanziaria. Ad esempio, se siamo esposti a rischi legati al lavoro, dobbiamo valutare quanto sarebbe grave la perdita del nostro reddito e come potremmo far fronte alle spese in caso di perdita di lavoro. Se abbiamo un debito elevato, dobbiamo valutare il costo degli interessi e il tempo necessario per rimborsarlo, così da pianificare le nostre azioni in modo adeguato.

Dobbiamo cercare di prevenire i rischi finanziari, adottando una serie di misure di sicurezza, come risparmiare denaro, diversificare gli investimenti, stipulare polizze assicurative, e così via. Con una corretta valutazione dei rischi e l'adozione di misure preventive, possiamo affrontare con maggior sicurezza gli imprevisti finanziari e garantire la nostra stabilità economica nel tempo.

Valutare le opzioni di mitigazione del rischio finanziario è un passo fondamentale per proteggere la propria situazione finanziaria. Ci sono diverse opzioni disponibili per ridurre il rischio finanziario, e la scelta dipenderà dalla situazione individuale di ogni persona. Alcune opzioni comuni includono:

Assicurazione: una delle opzioni più comuni per mitigare il rischio finanziario è l'assicurazione. L'assicurazione può coprire diverse aree come la salute, l'auto, la casa, il lavoro e la responsabilità civile. In caso di eventi imprevisti come malattie, incidenti, danni alla proprietà o cause legali, l'assicurazione può coprire i costi e ridurre l'impatto finanziario sulla propria vita.

Risparmio: un altro modo per mitigare il rischio finanziario è attraverso il risparmio. Avere una somma di denaro di riserva può essere utile in caso di emergenze o di improvvisi cambiamenti nella situazione finanziaria. Un fondo di emergenza dovrebbe coprire almeno tre-sei mesi di spese essenziali.

Diversificazione degli investimenti: investire i propri soldi in diversi prodotti finanziari come azioni, obbligazioni, fondi comuni di investimento, immobili, criptovalute e altre opzioni può aiutare a mitigare il rischio finanziario. Diversificare gli investimenti può ridurre l'impatto negativo di un singolo investimento che va male.

Ridurre i debiti: avere troppi debiti può aumentare il rischio finanziario. Pertanto, ridurre i debiti può essere una forma di mitigazione del rischio. Ci sono diverse strategie per ridurre i debiti, come il consolidamento dei debiti o la riduzione delle spese.

Aumentare le fonti di reddito: avere più di una fonte di reddito può aiutare a ridurre il rischio finanziario. Avere un lavoro a tempo pieno e una fonte di reddito secondaria può aiutare a diversificare le entrate e ad aumentare la stabilità finanziaria.

Pianificazione fiscale: la pianificazione fiscale può aiutare a ridurre il rischio finanziario attraverso la gestione delle tasse. Una corretta pianificazione fiscale può ridurre l'impatto fiscale e aumentare la somma di denaro disponibile per gli investimenti o il risparmio.

In generale, valutare le opzioni di mitigazione del rischio finanziario può aiutare a ridurre l'impatto negativo di eventi imprevisti sulla situazione finanziaria personale.

Pianificare per il futuro finanziario è essenziale per mitigare il rischio finanziario a lungo termine. Ci sono diverse strategie che si possono adottare per pianificare il futuro finanziario, come ad esempio l'investimento a lungo termine, il risparmio, e la gestione del debito.

L'investimento a lungo termine è una strategia utile per costruire un portafoglio finanziario diversificato e per aumentare i propri risparmi nel tempo. Ci sono diverse opzioni di investimento a lungo termine disponibili, come ad esempio l'acquisto di azioni, obbligazioni o fondi comuni di investimento. È importante fare una valutazione accurata dei propri obiettivi finanziari e delle proprie conoscenze di investimento prima di intraprendere qualsiasi investimento.

Il risparmio è un'altra strategia fondamentale per la pianificazione finanziaria a lungo termine. A seconda delle proprie esigenze finanziarie, si può scegliere di risparmiare in conti di risparmio ad alto rendimento, certificati di deposito, o fondi comuni di investimento. Inoltre, il controllo delle spese e la riduzione dei debiti possono essere strategie efficaci per aumentare i propri risparmi.

La gestione del debito è essenziale per pianificare il futuro finanziario. Ci sono diverse strategie che si possono adottare per gestire i debiti, come ad esempio la negoziazione con i creditori, la consolidazione del debito, e la creazione di un piano di pagamento a lungo termine. È importante capire la propria situazione finanziaria attuale e cercare soluzioni che si adattino alle proprie esigenze e possibilità.

Pianificare per il futuro finanziario è un passo importante per mitigare il rischio finanziario a lungo termine. Ci sono diverse strategie che si possono adottare, come l'investimento a lungo termine, il risparmio, e la gestione del debito, che possono aiutare a costruire una solida base finanziaria per il futuro.

Capitolo 7: Come sviluppare nuove abilità e competenze

Comprendere l'importanza dello sviluppo continuo è fondamentale per mantenere la propria carriera sempre al passo con le nuove tendenze e richieste del mercato. In un mondo in cui la tecnologia e l'economia stanno cambiando rapidamente, non si può permettere di rimanere fermi o di accontentarsi delle proprie attuali competenze.

Lo sviluppo continuo non riguarda solo l'acquisizione di nuove conoscenze e competenze, ma anche la capacità di adattarsi al cambiamento e di migliorare continuamente. Questo è un aspetto fondamentale per rimanere competitivi sul mercato del lavoro e per migliorare la propria posizione lavorativa.

L'importanza dello sviluppo continuo si applica a qualsiasi campo di lavoro o settore. Ad esempio, un programmatore deve continuamente acquisire nuove conoscenze e competenze per rimanere aggiornato sulle ultime tecnologie e metodologie di sviluppo software. Un insegnante deve continuamente migliorare le proprie capacità di insegnamento per poter dare il meglio ai propri studenti. Anche i manager e gli imprenditori devono costantemente imparare nuove abilità per gestire efficacemente il loro team e l'azienda nel suo complesso.

Lo sviluppo continuo non riguarda solo la propria carriera, ma anche il proprio benessere personale. Acquisire nuove conoscenze e competenze può aumentare l'autostima e la fiducia in se stessi, migliorare la qualità della vita e aprire nuove opportunità di crescita personale e professionale.

Comprendere l'importanza dello sviluppo continuo è il primo passo per migliorare costantemente le proprie abilità e competenze, rimanere competitivi sul mercato del lavoro e migliorare la propria posizione lavorativa e personale.

Per poter sviluppare nuove abilità e competenze, è importante identificare le aree in cui si vuole migliorare. Ciò può essere fatto attraverso l'auto-riflessione e l'analisi del proprio lavoro attuale, delle proprie passioni e interessi, e degli obiettivi futuri.

Iniziare con un'auto-analisi delle proprie competenze e abilità attuali può aiutare a identificare le lacune e le aree che richiedono ulteriore sviluppo. Una volta individuate queste aree, si può creare un piano di sviluppo per acquisire le nuove abilità.

Inoltre, è utile identificare le abilità e competenze richieste in determinati settori di interesse. Ciò può essere fatto attraverso la ricerca online, la lettura di offerte di lavoro, l'iscrizione a corsi di formazione e l'interazione con esperti del settore.

Identificare le abilità e competenze desiderate può anche aiutare a definire gli obiettivi di carriera a lungo termine e a pianificare il percorso professionale.

Scegliere la modalità di apprendimento che si adatta meglio alle proprie esigenze è un passaggio importante per lo sviluppo di nuove abilità e competenze. Esistono diverse modalità di apprendimento, ognuna con i propri vantaggi e svantaggi.

Una delle modalità più tradizionali è quella dell'apprendimento in aula. In questo caso, si partecipa a un corso o a un seminario in presenza di un insegnante, che fornisce le informazioni e le conoscenze necessarie. Questo tipo di apprendimento può essere molto efficace perché permette di fare domande e di interagire con l'insegnante e gli altri partecipanti. Tuttavia, può essere costoso e richiedere un impegno di tempo considerevole.

Un'altra modalità di apprendimento è l'apprendimento online, che negli ultimi anni è diventato sempre più popolare. In questo caso, le lezioni vengono fornite attraverso una piattaforma online, e il partecipante può seguire il corso da casa propria o da qualsiasi altro luogo dotato di connessione internet. Questa modalità è molto conveniente in termini di costo e flessibilità, ma può essere meno interattiva e coinvolgente rispetto all'apprendimento in aula.

Una ulteriore modalità è l'apprendimento esperienziale, che si basa sull'esperienza diretta piuttosto che sulla teoria. In questo caso, si impara facendo e sperimentando, ad esempio attraverso un tirocinio o un progetto. Questa modalità di apprendimento può essere molto efficace perché consente di applicare le conoscenze acquisite in un contesto pratico, ma può essere difficile da organizzare e richiedere un'investimento di tempo e risorse considerevole.

Infine, l'apprendimento informale può avvenire attraverso la lettura di libri, la partecipazione a gruppi di discussione o il networking con professionisti del settore. Questa modalità di apprendimento può essere molto efficace in termini di costo e flessibilità, ma richiede una maggiore autonomia e capacità di auto-motivarsi.

La scelta della modalità di apprendimento dipende dalle proprie esigenze e preferenze personali, ma è importante valutare attentamente i vantaggi e gli svantaggi di ciascuna opzione prima di decidere quale percorso seguire.

Per apprendere nuove abilità e competenze è importante sfruttare le risorse a disposizione. Ci sono molte opzioni disponibili, sia gratuite che a pagamento, che possono aiutare a sviluppare nuove competenze in diversi settori.

Una delle risorse più comuni sono i corsi online. Esistono molte piattaforme, come Udemy, Coursera o edX, che offrono corsi su diversi argomenti a prezzi accessibili o addirittura gratuiti. Questi corsi possono essere seguiti comodamente da casa propria, permettendo di apprendere nuove abilità senza dover necessariamente frequentare un corso in aula.

I libri sono un'altra risorsa importante per apprendere nuove competenze. Ci sono molte pubblicazioni su argomenti specifici che possono fornire una conoscenza dettagliata sull'argomento. Inoltre, molti libri offrono esercizi pratici e studi di caso per aiutare a mettere in pratica le competenze apprese.

Le conferenze e i workshop sono un'altra risorsa utile per apprendere nuove competenze. Partecipare a eventi in cui si possono incontrare professionisti del settore e ascoltare i loro discorsi può aiutare a imparare nuove idee e ad acquisire nuove competenze.

Il networking può essere un'ottima risorsa per acquisire nuove competenze. Essere in contatto con professionisti del settore può fornire l'opportunità di apprendere da loro e di acquisire conoscenze e abilità utili. Inoltre, il networking può portare a nuove opportunità di lavoro e di carriera, permettendo di mettere in pratica le nuove competenze acquisite.

Dopo aver acquisito nuove abilità e competenze, è importante metterle in pratica per consolidare quanto appreso e migliorare il proprio livello di padronanza. Inoltre, l'apprendimento teorico non è sufficiente per dimostrare le proprie capacità e competenze in un ambiente lavorativo.

Per mettere in pratica le nuove abilità e competenze acquisite, ci sono diverse opzioni disponibili. Ad esempio, si può cercare di applicare le nuove conoscenze sul posto di lavoro, sperimentando nuove metodologie o approcci al proprio lavoro. In alternativa, si può cercare di partecipare a progetti o attività extra-lavorative che permettano di mettere in pratica le proprie nuove competenze.

Un'altra opzione può essere quella di cercare esperienze di lavoro o di stage che richiedano l'utilizzo delle nuove competenze apprese. Questo non solo consentirà di migliorare le proprie capacità, ma può anche essere un'opportunità per dimostrare al proprio datore di lavoro il proprio valore e la propria dedizione al miglioramento continuo.

Occorre sottolineare che è importante mantenere un atteggiamento proattivo e costantemente alla ricerca di nuove opportunità per mettere in pratica le proprie abilità e competenze. In questo modo, sarà possibile migliorare costantemente le proprie capacità e creare nuove opportunità di crescita professionale.

Capitolo 8: Come trovare lavoro o avviare un'attività

Per poter trovare lavoro o avviare un'attività, è importante comprendere le opzioni disponibili. Esistono diverse strade da percorrere, ciascuna con i suoi pro e contro. Ad esempio, trovare un lavoro dipendente offre la sicurezza di una retribuzione fissa e una certa stabilità lavorativa, ma limita la libertà di scelta e l'autonomia decisionale. D'altra parte, avviare un'attività consente di avere un maggiore controllo sulla propria vita professionale e potenzialmente guadagni maggiori, ma comporta anche rischi finanziari e la necessità di investire tempo ed energie per farla decollare. Inoltre, esistono anche altre opzioni come il lavoro freelance o la consulenza che possono offrire una maggiore flessibilità lavorativa e la possibilità di scegliere progetti stimolanti e remunerativi. Comprendere queste opzioni e valutare quale sia la migliore per le proprie esigenze e aspirazioni è il primo passo per trovare lavoro o avviare un'attività di successo.

Valutare i propri obiettivi e interessi lavorativi è un passo importante per trovare lavoro o avviare un'attività che sia gratificante e soddisfacente. È essenziale fare una seria valutazione di ciò che si vuole ottenere in termini di carriera e di quali obiettivi si vogliono raggiungere nel medio e lungo termine. Questo processo aiuta a focalizzare le proprie energie e risorse nelle opportunità di lavoro o di attività che meglio si adattano ai propri desideri e ambizioni.

La valutazione dei propri interessi lavorativi può essere effettuata in diversi modi. Innanzitutto, si può riflettere sulle attività che si amano svolgere e che si sente di fare bene. È anche utile chiedersi quali sono le proprie passioni e i propri hobby, e come si potrebbero integrare nel lavoro o nell'attività che si vuole intraprendere.

Le competenze e le conoscenze che si hanno possono essere un fattore determinante nella scelta del lavoro o dell'attività da avviare. In questo modo, si può scegliere un percorso lavorativo o imprenditoriale che sia in linea con le proprie capacità e conoscenze.

Bisogna considerare anche la propria situazione finanziaria e familiare, valutando se si è disposti a fare i sacrifici necessari per intraprendere un'attività o per trovare il lavoro ideale. Tutti questi elementi devono essere presi in considerazione nella valutazione dei propri obiettivi e interessi lavorativi

Per individuare le opportunità di lavoro o di avvio di un'attività è importante comprendere le proprie abilità e competenze, al fine di identificare le opportunità più adatte e di massimizzare le proprie potenzialità. Si consiglia di fare un'analisi approfondita delle proprie competenze, siano esse acquisite in ambito lavorativo o in esperienze personali, e di individuare quali di esse possono essere utilizzate per trovare lavoro o avviare un'attività. Una volta individuate le proprie competenze, è possibile cercare opportunità di lavoro che richiedono tali competenze o valutare l'avvio di un'attività che sfrutti tali abilità.

Per poter trovare lavoro o avviare un'attività è importante creare un curriculum vitae o portfolio professionale efficace. Questi strumenti permettono di presentarsi al meglio ai potenziali datori di lavoro o clienti e di evidenziare le proprie abilità e competenze in modo chiaro e professionale. Il curriculum vitae è il documento tradizionale che raccoglie le informazioni sulle esperienze lavorative, la formazione, le competenze e le qualifiche professionali di un individuo. Il portfolio professionale, invece, è un documento più ampio e dettagliato che include esempi concreti del lavoro svolto, come progetti, campagne pubblicitarie, articoli scritti e così via. In entrambi i casi, è importante creare un documento chiaro, ben strutturato e privo di errori grammaticali o ortografici, in grado di catturare l'attenzione del lettore e di evidenziare le proprie qualità professionali.

Il formato del curriculum vitae è un fattore determinante ai fini di una buona presentazione. Il formato tradizionale in formato testuale (Word o PDF) è ancora molto utilizzato, ma ci sono anche altre opzioni, come i formati grafici o video. In ogni caso, è importante che il curriculum sia facile da leggere e che evidenzi le abilità e le esperienze rilevanti per il lavoro o l'attività che si sta cercando.

In generale, si consiglia di utilizzare un formato di curriculum vitae semplice e pulito, con una struttura ben organizzata e informazioni chiare e concise. Inoltre, è importante personalizzare il curriculum per ogni posizione o attività a cui ci si candida, evidenziando le abilità e le esperienze pertinenti.

Utilizzare le opportunità offerte dai social media e dalle piattaforme online per promuovere il proprio portfolio professionale o il proprio curriculum vitae è un'arma formidabile. Ad esempio, LinkedIn è un'ottima piattaforma per connettersi con altri professionisti del proprio settore e promuovere le proprie abilità e competenze.

Per trovare opportunità di lavoro o fare networking, le risorse online e offline sono innumerevoli e possono essere utilizzate in modo complementare per ottenere i migliori risultati.

Tra le risorse online più utilizzate per la ricerca di lavoro, troviamo i siti di annunci di lavoro come Indeed, Monster, Glassdoor, LinkedIn, e molti altri. Questi siti permettono di trovare opportunità di lavoro in base a diverse categorie, come ad esempio settore di lavoro, posizione geografica, livello di esperienza richiesto e tipo di contratto. Inoltre, molti di questi siti offrono la possibilità di creare un profilo professionale e di caricare il proprio curriculum vitae per essere contattati da eventuali datori di lavoro interessati.

Per quanto riguarda il networking, invece, LinkedIn è il sito più utilizzato a livello professionale per connettersi con altre persone del proprio settore e trovare opportunità di lavoro. È importante creare un profilo professionale completo e dettagliato, aggiornarlo costantemente e connettersi con persone del proprio settore o di interesse. Inoltre, LinkedIn offre anche la possibilità di partecipare a gruppi di discussione e di seguire aziende e persone influenti nel proprio settore.

Ma non solo siti online possono essere utilizzati per la ricerca di lavoro o per fare networking. Anche eventi di settore, fiere del lavoro, incontri di networking e workshop possono rappresentare un'ottima opportunità per incontrare potenziali datori di lavoro o fare conoscenze utili per la propria carriera.

In ogni caso, è importante utilizzare queste risorse in modo mirato e strategico, cercando di valorizzare le proprie abilità e competenze, di creare una rete di contatti professionali affidabile e di distinguersi positivamente dagli altri candidati.

Per chi desidera avviare un'attività in proprio, uno dei primi passi da compiere è quello di creare una proposta di business o di progetto. Questo documento deve contenere informazioni dettagliate sul tipo di attività che si intende avviare, come ad esempio il tipo di prodotto o servizio che si offrirà, il mercato di riferimento, la concorrenza, il budget necessario per avviare l'attività e le strategie di marketing che si intende utilizzare.

La creazione di una proposta di business o di progetto richiede un'analisi attenta del mercato e delle opportunità di business presenti. È importante identificare un'idea vincente che possa soddisfare le esigenze dei clienti e differenziarsi dalla concorrenza. Una volta identificata l'idea di business, è necessario valutare il budget necessario per avviare l'attività, compresi i costi per la creazione del sito web, la promozione, il personale, la gestione dei fornitori, ecc.

Una volta completata la proposta di business o di progetto, è possibile utilizzarla per presentare la propria attività a potenziali investitori o clienti, in modo da ottenere finanziamenti o acquisire nuovi clienti. Inoltre, la proposta di business o di progetto può essere utilizzata come guida per la creazione del piano di business, ovvero il documento che descrive nel dettaglio come si intende avviare e gestire l'attività.

Esistono numerosi strumenti online che possono essere utilizzati per creare una proposta di business o di progetto, come ad esempio Canva, Lucidpress e Google Docs. Inoltre, è possibile trovare numerosi modelli di proposte di business o di progetto online, che possono essere utilizzati come punto di partenza per la creazione del proprio documento.

Bisogna tenere sempre presente che la proposta di business o di progetto deve essere chiara, completa e convincente, in modo da catturare l'attenzione dei potenziali investitori o clienti. Una volta creata la proposta di business o di progetto, è necessario presentarla in modo efficace, utilizzando strumenti di marketing online e offline per promuovere la propria attività e raggiungere il pubblico di riferimento.

Valutare i costi e i finanziamenti necessari per avviare un'attività è un passaggio importante per ogni aspirante imprenditore. Ci sono diversi aspetti da considerare quando si pianifica un budget e si cercano finanziamenti per avviare un'attività:

Identificare i costi iniziali: prima di tutto, è necessario capire quali saranno i costi iniziali per avviare l'attività. Questi possono includere la registrazione della società, l'acquisto o l'affitto di un locale, la creazione di un sito web e l'acquisto di attrezzature o materiali necessari per la produzione o la prestazione del servizio.

Prevedere i costi ricorrenti: oltre ai costi iniziali, ci sono anche i costi ricorrenti da considerare come l'affitto del locale, le utenze, le spese di marketing e pubblicità, le assicurazioni, le tasse e i costi per il personale, se necessario.

Stabilire un budget: una volta identificati i costi, è importante stabilire un budget realistico che tenga conto di tutte le spese e delle entrate previste. Questo aiuterà a evitare sorprese finanziarie e a garantire che ci sia abbastanza denaro per coprire tutte le spese necessarie.

Esplorare le opzioni di finanziamento: una volta stabilito il budget, potrebbe essere necessario cercare finanziamenti per coprire i costi iniziali. Ci sono diverse opzioni di finanziamento disponibili, come prestiti bancari, finanziamenti a fondo perduto, crowdfunding e investitori privati. È importante esplorare tutte queste opzioni e scegliere quella più adatta alle proprie esigenze.

Fare ricerche sulle agevolazioni fiscali: ci sono spesso agevolazioni fiscali e incentivi disponibili per le nuove imprese. È importante fare le ricerche necessarie e capire quali sono le opportunità disponibili per ridurre i costi.

Pianificare per il futuro: infine, è importante considerare

anche il futuro dell'attività e pianificare eventuali costi futuri come l'espansione dell'attività o l'acquisizione di nuovi clienti. Questo aiuterà a garantire la sostenibilità dell'attività a lungo termine.

Quando si avvia un'attività, può essere utile considerare la possibilità di collaborare con altri professionisti o imprenditori. Ciò può comportare una serie di vantaggi, come la condivisione di risorse e competenze, una maggiore flessibilità e la possibilità di distribuire i rischi e le responsabilità.

Una delle forme di collaborazione più comuni è quella di avviare un'attività in partnership con un'altra persona. In questo caso, è importante scegliere il giusto partner, che abbia competenze complementari alle proprie e con cui si condividano valori e obiettivi simili. È anche importante definire fin dall'inizio le modalità di lavoro e le responsabilità di ciascun partner.

Oltre alla partnership, ci sono altre forme di collaborazione che possono essere considerate, come la creazione di un'associazione temporanea di imprese o la partecipazione a una rete di imprenditori. Queste soluzioni possono permettere di accedere a maggiori risorse e di condividere con altri professionisti esperienze e conoscenze.

In ogni caso, è importante valutare attentamente gli aspetti finanziari della collaborazione e definire le modalità di suddivisione dei costi e dei ricavi. È inoltre necessario definire chiaramente i ruoli e le responsabilità di ciascun partecipante e prevedere eventuali clausole di uscita per gestire situazioni di conflitto o di incompatibilità tra i partner.

La collaborazione può essere un'ottima soluzione per avviare un'attività in modo più efficace e con meno rischi.

Tuttavia, è importante fare una valutazione attenta e scegliere il giusto partner o la giusta forma di collaborazione per le proprie esigenze.

Per promuovere il proprio lavoro o la propria attività è fondamentale avere un piano di marketing ben definito. Ci sono diversi elementi da considerare in questo processo, come la definizione del target di riferimento, l'identificazione dei canali di comunicazione più efficaci, la scelta delle strategie promozionali e l'analisi dei risultati.

Per prima cosa, è importante definire il proprio target di riferimento, ovvero il pubblico a cui ci si rivolge. Bisogna avere un'idea chiara delle caratteristiche demografiche, degli interessi e dei bisogni delle persone a cui si vuole vendere il proprio prodotto o servizio.

Una volta identificato il target, bisogna scegliere i canali di comunicazione più efficaci per raggiungerlo. Ci sono diverse opzioni, come i social media, la pubblicità online e offline, gli eventi e le fiere di settore. È importante scegliere i canali in base al proprio budget e al target di riferimento.

Una volta scelti i canali di comunicazione, è necessario definire le strategie promozionali. Ad esempio, si può optare per la pubblicità sui social media, la sponsorizzazione di eventi, la realizzazione di contenuti di valore per il proprio pubblico, l'utilizzo di programmi di affiliazione, la creazione di partnership con altri professionisti o imprese.

Infine occorre analizzare i risultati delle proprie attività di marketing per capire quali strategie funzionano meglio e quali vanno ottimizzate. È possibile utilizzare strumenti di analisi web, come Google Analytics, per monitorare il traffico sul proprio sito web e sui social media, e misurare il ritorno sull'investimento delle proprie attività di marketing.

Prepararsi per le interviste di lavoro o per presentare la propria attività a potenziali clienti o investitori è essenziale per avere successo nella ricerca di lavoro o nell'avvio di un'attività. In entrambi i casi, è importante saper comunicare le proprie idee e le proprie qualifiche in modo chiaro ed efficace. Ecco alcuni suggerimenti per prepararsi al meglio:

Pratica: La pratica rende perfetti. Prepara delle risposte alle domande più comuni che potresti ricevere durante un colloquio di lavoro o una presentazione del tuo business plan. Esercitati con amici o familiari e chiedi il loro feedback.

Ricerca: Prepara una lista di domande che potresti voler porre al tuo potenziale datore di lavoro o investitore e fai alcune ricerche sulla società o sull'investitore stesso. In questo modo, dimostrerai di essere interessato e preparato.

Presentazione: Prepara una presentazione professionale e convincente che evidenzi i tuoi punti di forza e il valore che puoi portare all'azienda o al mercato.

Abbigliamento: Indossa abiti adeguati all'occasione. Se si tratta di un colloquio di lavoro, vestiti in modo professionale e pulito. Se si tratta di una presentazione del tuo business plan, scegli un abbigliamento che rappresenti il tuo marchio o il tuo settore.

Ascolto attivo: Ascolta attentamente le domande e le risposte che ricevi durante l'intervista o la presentazione. Mostra interesse e partecipa attivamente alla conversazione.

Ringraziamento: Infine, non dimenticare di ringraziare il tuo interlocutore per il tempo dedicato. Inviare un'email o una nota di ringraziamento può fare la differenza e dimostrare il tuo interesse e la tua professionalità.

Capitolo 9: Come creare una rete di contatti e connessioni professionali

La creazione di una rete di contatti professionali è un elemento cruciale per il successo in qualsiasi carriera o attività imprenditoriale. Essere in grado di connettersi con le persone giuste può aprire porte inaspettate, fornire informazioni e supporto preziosi e persino portare a nuove opportunità di lavoro o di business. Inoltre, una rete di contatti professionale può anche offrire supporto emotivo e morale, che può essere fondamentale in momenti di difficoltà lavorativa o personale.

Per creare una rete di contatti professionali efficace, è fondamentale identificare i potenziali membri della propria rete. Ciò significa cercare di connettersi con persone che lavorano nella stessa industria o settore, o che svolgono attività complementari o simili. È possibile individuare potenziali membri della rete di contatti partecipando a eventi di networking, frequentando conferenze e workshop, seguendo gruppi di interesse su social media e partecipando a forum online.

Bisogna sempre considerare la qualità dei potenziali membri della rete di contatti, oltre alla loro quantità. Cerca di identificare persone che possano offrire una prospettiva diversa, un'esperienza o competenza specifica, o che siano influenti all'interno del settore. La qualità dei contatti può essere più importante della quantità, poiché una rete di contatti più ristretta ma di alta qualità può portare a maggiori opportunità di lavoro o di affari.

Per creare una rete di contatti professionale solida, è importante sfruttare al massimo le risorse online, in particolare i social media e altre piattaforme online. I social network come LinkedIn, Twitter e Facebook offrono una vasta gamma di strumenti per connettersi con altre persone in modo professionale.

Per sfruttare al meglio queste piattaforme, è importante avere un profilo completo e aggiornato, in cui si evidenziano le proprie competenze e le esperienze lavorative più significative. È anche utile partecipare a gruppi e discussioni online pertinenti al proprio settore di attività, condividere contenuti interessanti e interagire con altri professionisti.

Oltre ai social media, ci sono anche altre piattaforme online utili per connettersi con altri professionisti, come i forum di settore, le comunità online e i siti web di networking professionale. Inoltre, molte aziende e organizzazioni ospitano eventi online, come webinar e conferenze virtuali, che possono essere un'ottima opportunità per ampliare la propria rete di contatti e connessioni professionali.

Tuttavia, occorre utilizzare queste piattaforme in modo appropriato e non invadente. È importante evitare di essere troppo aggressivi nella richiesta di connessioni e di non inviare spam ai propri contatti. Invece, è consigliabile stabilire connessioni autentiche e costruire relazioni di fiducia con altri professionisti nel proprio settore

Partecipare a eventi e conferenze può essere un'ottima opportunità per incontrare nuove persone e creare relazioni professionali. Questi eventi possono essere specifici per il proprio settore di lavoro o per interessi comuni. È possibile trovare informazioni su tali eventi online o tramite organizzazioni di settore. Durante tali eventi, è importante essere aperti e socievoli, chiedere informazioni e scambiarsi i contatti. Inoltre, essere ben preparati e informati sull'evento e sui partecipanti può aiutare a creare un impatto duraturo e a mantenere le connessioni dopo l'evento.

Una chiave rilevante è creare un elevator pitch per presentarsi in modo efficace e suscitare interesse, ovvero creare una breve presentazione di sé stessi, della propria attività o del proprio progetto, che possa essere espressa in pochi minuti o addirittura in poche frasi. L'obiettivo è quello di creare un impatto positivo sui potenziali interlocutori e di suscitare il loro interesse per approfondire la conoscenza reciproca.

L'elevator pitch può essere utile in diverse situazioni, ad esempio durante un incontro casuale con un professionista influente, durante un evento di networking o durante un colloquio di lavoro. In queste situazioni, avere una presentazione chiara e concisa di sé stessi può fare la differenza e creare l'opportunità per nuove relazioni professionali.

Per concepire un elevator pitch efficace si devono avere in mente gli obiettivi che si vogliono raggiungere e il tipo di interlocutore a cui ci si rivolge. La presentazione dovrebbe essere personalizzata e adattata alla situazione specifica, evidenziando le proprie competenze, esperienze e qualità uniche.

Inoltre, è suggerito mantenere un tono entusiasta e coinvolgente, utilizzando parole e frasi che suscitino emozioni positive e dimostrando passione per il proprio lavoro o progetto. Infine, l'elevator pitch dovrebbe essere breve e conciso, senza perdere di vista l'obiettivo principale: creare un'opportunità di ulteriore dialogo o collaborazione.

Per creare una forte rete di contatti professionali, non è sufficiente solo connettersi con nuove persone, ma è altrettanto importante mantenere le relazioni già esistenti. Ciò significa che è necessario nutrire e sviluppare le relazioni già esistenti, in modo da mantenere i contatti attivi e duraturi nel tempo. È possibile mantenere le relazioni professionali in vari modi, ad esempio, attraverso l'invio periodico di aggiornamenti sul proprio lavoro o sulle attività dell'azienda, l'invito a eventi o a incontri informali, la condivisione di informazioni o notizie rilevanti per la propria rete di contatti, o l'offerta di supporto o consulenza in caso di bisogno. Inoltre, è importante prendersi cura delle relazioni personali, dimostrando interesse per le attività e le esperienze dei propri contatti, e tenendo in considerazione le loro esigenze e interessi. Mantenere relazioni di qualità e durature con i propri contatti può portare a nuove opportunità professionali e di business nel lungo termine.

Utilizzare il networking è un modo molto efficace per accedere a nuove opportunità di lavoro o di business. Infatti, mantenere una rete di contatti professionali attiva e in continua espansione può permettere di avere accesso a informazioni e occasioni che altrimenti sarebbero difficili da trovare.

Partecipare a eventi, conferenze, gruppi di discussione o di interesse, oppure collegarsi con altri professionisti su piattaforme online, possono essere modi efficaci per allargare la propria rete di contatti e accedere a nuove opportunità.

Il networking non deve essere visto come un'attività sporadica o occasionale, ma piuttosto come un impegno costante e continuo. Mantenere contatti regolari con i propri contatti professionali, inviando periodicamente aggiornamenti o segnalando interessi e progetti in corso, può essere un modo per mantenere attiva la relazione e favorire nuove occasioni di collaborazione.

Per sfruttare al meglio il networking, è importante avere chiaro il proprio obiettivo e il proprio target, in modo da concentrare gli sforzi e le energie sui contatti più utili e pertinenti per il proprio percorso professionale o imprenditoriale.

Per creare e gestire una rete di contatti professionali efficace, è importante evitare gli errori comuni che possono minare i nostri sforzi. Ecco alcuni errori da evitare:

Essere troppo aggressivi: cercare di forzare una connessione o una collaborazione senza rispettare il tempo e le esigenze dell'altra persona può essere controproducente e danneggiare la relazione.

Non restituire il favore: se si chiede aiuto o un favore a un contatto, è importante restituire il favore quando si ha la possibilità. Non farlo potrebbe creare un senso di sfruttamento e compromettere la relazione.

Non mantenere la propria parola: promettere di fare qualcosa e poi non farlo può danneggiare la propria reputazione e minare la fiducia dei contatti.

Essere poco selettivi: cercare di connettersi con tutti senza una strategia chiara può essere controproducente. È importante essere selettivi e cercare di creare connessioni con persone che possono effettivamente portare valore alla propria attività o carriera.

Non nutrire le relazioni: mantenere una rete di contatti richiede un impegno costante nel tempo. È importante mantenere le relazioni attive e nutrirle con attenzione e interesse, altrimenti si rischia di perdere l'interesse e la collaborazione dei contatti.

Evitare questi errori può aiutare a creare e gestire una rete di contatti professionali efficace e duratura.

Capitolo 10: Come affrontare il cambiamento emotivo e la paura

Affrontare il cambiamento emotivo e la paura è essenziale per affrontare le sfide della vita, inclusi i cambiamenti professionali e imprenditoriali. È importante capire che il cambiamento è una parte naturale della vita e che può portare a grandi opportunità e crescita personale e professionale. Inoltre, è importante riconoscere che la paura è un'emozione normale e che può essere utilizzata come un'opportunità per superare i limiti personali e raggiungere obiettivi più grandi.

Quando si affronta un cambiamento emotivo o la paura di una nuova sfida, è importante essere consapevoli dei segnali di avvertimento che possono manifestarsi. Questi possono includere ansia, stress, disturbi del sonno, irritabilità, perdita di interesse per le attività che solitamente si godono, problemi di concentrazione e altro ancora. Riconoscere questi segnali precocemente può aiutare a gestire il cambiamento emotivo e la paura in modo più efficace.

Per affrontare il cambiamento emotivo e la paura è importante esplorare le emozioni negative che possono emergere in questi momenti. Queste possono includere la paura del fallimento, l'ansia, la frustrazione, la rabbia o la tristezza. È importante riconoscere queste emozioni e imparare a gestirle in modo efficace per non lasciarle interferire con le proprie decisioni e azioni. Ci sono molte tecniche utili per gestire le emozioni negative, come la meditazione, la respirazione profonda, l'esercizio fisico, la scrittura terapeutica o la consulenza psicologica. L'importante è trovare la tecnica che funziona meglio per sé stessi e utilizzarla regolarmente.Sviluppare tecniche di gestione dello stress e dell'ansia per affrontare il cambiamento e la paura
Praticare la mindfulness e la meditazione per gestire le emozioni negative

Per affrontare il cambiamento emotivo e la paura è importante avere un piano d'azione concreto. Ecco alcuni passaggi che si possono seguire per crearne uno:

Identificare le emozioni negative specifiche che si stanno provando, come la paura, l'ansia, la tristezza o la rabbia.

Individuare le cause del cambiamento emotivo e della paura, come il cambiamento di lavoro, la perdita di un caro amico o la fine di una relazione.

Stabilire degli obiettivi concreti per affrontare il cambiamento e la paura. Questi possono essere obiettivi a breve termine, come fare esercizio fisico ogni giorno o dedicare del tempo alla meditazione, o obiettivi a lungo termine, come sviluppare nuove abilità o trovare una nuova carriera.

Creare un piano d'azione concreto per raggiungere questi obiettivi. Questo può includere attività specifiche, come pianificare una routine di esercizi fisici, fare un corso di formazione professionale o contattare un terapeuta per parlare delle proprie emozioni.

Monitorare i progressi nel raggiungimento degli obiettivi e apportare eventuali modifiche al piano d'azione in base ai risultati ottenuti.

Continuare a nutrire le relazioni sociali e cercare il supporto di amici e familiari quando si affrontano cambiamenti emotivi e la paura.

Quando si affrontano momenti di cambiamento emotivo e paura, può essere difficile sentirsi soli e isolati. Una delle cose più importanti che si possono fare in queste situazioni è di trovare il supporto dei propri amici, della famiglia o dei colleghi di lavoro. Condividere le proprie preoccupazioni con gli altri può aiutare a trovare una prospettiva diversa, a ottenere consigli utili e a sentirsi meno isolati. Inoltre, potrebbe essere utile cercare il supporto di professionisti qualificati come psicologi o coach, in grado di fornire un supporto mirato e personalizzato

Per affrontare il cambiamento emotivo e la paura, è importante esplorare la propria zona di comfort e cercare di ampliarla gradualmente. Questo può significare fare cose che ci mettono un po' di ansia o di nervosismo, ma che non ci mettono in pericolo. L'obiettivo è quello di sviluppare la propria resilienza e la propria capacità di affrontare situazioni nuove o difficili. Ci sono molti modi per fare questo, ad esempio provando nuove attività, frequentando eventi o incontrando nuove persone. L'importante è trovare un equilibrio tra la sperimentazione e il rispetto dei propri limiti.

Celebrare i piccoli successi e le conquiste durante il processo di affrontare il cambiamento e la paura può essere un modo importante per mantenere la motivazione e la positività durante un periodo di sfide. Invece di focalizzarsi solo sugli obiettivi finali, è importante riconoscere e apprezzare i progressi fatti lungo la strada. Questo può aiutare a ridurre lo stress e l'ansia e a fornire la forza necessaria per continuare ad andare avanti. Ci sono molte cose che si possono fare per celebrare i piccoli successi, come prendersi del tempo per fare qualcosa che si ama, come andare al cinema o fare una passeggiata, o anche semplicemente concedersi un po' di tempo libero per rilassarsi e ricaricare le energie.

Capitolo 11: Come superare l'insicurezza e la sfiducia in sé stessi

Comprendere l'importanza di superare l'insicurezza e la sfiducia in sé stessi significa riconoscere che questi sentimenti possono limitare la nostra capacità di raggiungere i nostri obiettivi e realizzare il nostro potenziale. Superare l'insicurezza e la sfiducia in sé stessi è un processo che richiede tempo e impegno, ma può portare a un maggiore benessere emotivo e a una maggiore fiducia nelle proprie capacità

Identificare le cause dell'insicurezza e della sfiducia in sé stessi significa esplorare le esperienze passate che possono aver contribuito a sviluppare tali sentimenti. Ad esempio, potrebbe essere stata un'infanzia difficile, una serie di fallimenti professionali o personali, oppure commenti negativi ricevuti da persone significative. È importante capire da dove provengono questi sentimenti per poterli affrontare e superare.Esplorare i pensieri negativi e i modelli di pensiero limitanti

Sviluppare una mentalità positiva e resiliente implica adottare una prospettiva ottimistica e focalizzarsi sulle opportunità piuttosto che sui problemi. Ciò significa anche accettare i fallimenti come opportunità di apprendimento e di crescita, anziché come prove della propria incapacità. La resilienza si riferisce alla capacità di superare le difficoltà e le avversità, e questa abilità può essere allenata e sviluppata attraverso la pratica di abitudini e comportamenti sani, come una buona alimentazione, esercizio fisico regolare e pratiche di meditazione o di rilassamento.

Utilizzare la visualizzazione è un metodo efficace per potenziare la fiducia in sé stessi. Si tratta di immaginare se stessi raggiungere un obiettivo e provare le emozioni positive che ne derivano. La visualizzazione può aiutare a eliminare le paure e le insicurezze che possono impedire di agire e di progredire nella propria vita professionale o personale. Inoltre, la visualizzazione può anche essere utilizzata per prepararsi mentalmente ad affrontare situazioni difficili o stressanti

Affrontare le sfide in modo efficace e costruttivo è un passo importante per superare l'insicurezza e la sfiducia in sé stessi. Ciò può comportare l'apprendimento di nuove abilità o il miglioramento di quelle già acquisite. Inoltre, quando si affrontano le sfide, è importante concentrarsi sui progressi fatti invece di focalizzarsi sui fallimenti. In questo modo si può costruire gradualmente la fiducia in sé stessi.

Focalizzarsi sui propri punti di forza e lavorare su quelli deboli è un altro importante passo per superare l'insicurezza e la sfiducia in sé stessi. È importante identificare i propri talenti, abilità e competenze e cercare di utilizzarli al meglio nelle situazioni in cui si presentano. Allo stesso tempo, è anche importante lavorare su quelle aree in cui si ha bisogno di migliorare. Sviluppando abilità e competenze nuove o migliorando quelle esistenti, si può aumentare la fiducia in sé stessi e la capacità di affrontare le sfide con maggiore determinazione e sicurezza.

Impegnarsi nell'auto-miglioramento continuo implica prendersi cura del proprio sviluppo personale e professionale attraverso l'apprendimento costante, l'acquisizione di nuove competenze e la partecipazione ad attività che favoriscono la crescita personale. Ciò può includere la lettura di libri, la partecipazione a corsi e seminari, la formazione con mentori o coach e il networking con professionisti del proprio settore. L'impegno nell'auto-miglioramento continuo può aiutare a superare l'insicurezza e la sfiducia in sé stessi, in quanto consente di acquisire conoscenze e competenze che aumentano l'autostima e la sicurezza nelle proprie capacità.

Capitolo 12: Come gestire il tempo in modo più efficace

Comprendere l'importanza di gestire il tempo in modo efficace significa riconoscere che il tempo è una risorsa preziosa e limitata. Ogni persona ha solo una quantità finita di tempo a disposizione, quindi è importante saperlo utilizzare in modo produttivo per raggiungere gli obiettivi desiderati. Una buona gestione del tempo aiuta a ridurre lo stress e l'ansia, migliorare la produttività e la qualità del lavoro, e mantenere un equilibrio tra la vita professionale e quella personale.

Identificare le principali cause di spreco di tempo significa analizzare attentamente le attività quotidiane per individuare quali di queste attività non sono produttive o non contribuiscono agli obiettivi desiderati. Le cause comuni di spreco di tempo includono la procrastinazione, le distrazioni, le riunioni improduttive, le interruzioni frequenti, la disorganizzazione e la mancanza di priorità chiare. Comprendere queste cause aiuta a individuare le aree in cui è possibile migliorare l'efficienza e risparmiare tempo.

Creare un elenco di attività da svolgere è un passo fondamentale per gestire il tempo in modo efficace. È importante creare una lista di cose da fare in modo da avere una visione d'insieme di tutti i compiti da svolgere e organizzarli in base alla loro priorità. In questo modo, si può dedicare il tempo necessario a ciascuna attività senza tralasciare quelle più importanti o urgenti. La creazione di un elenco di attività può essere fatta utilizzando un semplice foglio di carta o un'applicazione per la gestione delle attività.

Ecco un esempio di lista di attività da svolgere:

Scrivere una relazione per il lavoro

Fare la spesa settimanale
Andare in palestra per 1 ora
Leggere un capitolo di un libro
Rispondere alle email importanti
Partecipare a una riunione
Preparare la cena per stasera
Chiamare un amico o un familiare
Fare una passeggiata di 30 minuti all'aperto
Pulire la casa per 1 ora.

Gestire efficacemente il proprio tempo può aiutare a migliorare la produttività, ridurre lo stress e migliorare la qualità della vita. Ci sono molte tecniche e strategie che possono essere utilizzate per gestire il proprio tempo in modo più efficace, tra cui l'identificazione delle principali cause di spreco di tempo, la creazione di una lista di attività da svolgere e la pianificazione di blocchi di tempo dedicati a specifiche attività. E' importante anche fare regolarmente una revisione del proprio utilizzo del tempo per identificare eventuali aree di miglioramento. Con un po' di pratica e impegno, è possibile imparare a gestire il proprio tempo in modo più efficace e ottenere maggiori risultati nella vita personale e professionale.

Per gestire il tempo in modo efficace, è importante imparare a distinguere tra le attività urgenti e quelle importanti, e a dare priorità alle attività che sono entrambe urgenti e importanti. Una buona pratica è quella di creare un elenco di attività da svolgere e di ordinarle in base alla loro urgenza e importanza, in modo da poter gestire meglio il tempo e svolgere le attività in modo più efficace. In questo modo, sarà possibile evitare di sprecare tempo su attività meno importanti e concentrarsi sulle attività che hanno maggior impatto sulla propria vita e sui propri obiettivi. Inoltre, avere un elenco di attività ben organizzato aiuta a ridurre lo stress e la sensazione di sovraccarico di lavoro, poiché si sa esattamente quali attività devono essere svolte e in quale ordine.

Creare un piano di lavoro giornaliero o settimanale è un passo importante per gestire il tempo in modo efficace. Questo piano dovrebbe includere tutte le attività prioritarie identificate, organizzate in modo da massimizzare la produttività. Il piano può essere creato su base giornaliera o settimanale, a seconda delle esigenze personali. Inoltre, è importante assicurarsi di includere anche il tempo per le attività di auto-curaper evitare il burnout e migliorare la propria salute mentale. Un piano di lavoro ben pianificato e seguito con costanza può aiutare a ridurre lo stress, migliorare l'efficienza e aumentare la qualità del lavoro svolto.

Esempio di piano di lavoro giornaliero:

8:00 - 8:30: Leggere e rispondere alle e-mail urgenti
8:30 - 9:00: Riunione con il team per discutere i progressi del progetto
9:00 - 10:30: Lavorare sulla presentazione per il cliente
10:30 - 11:00: Prendersi una pausa e fare una passeggiata
11:00 - 12:30: Lavorare sulla relazione mensile per il capo
12:30 - 13:30: Pausa pranzo
13:30 - 15:00: Riunione con il team per discutere le strategie di marketing
15:00 - 16:30: Rispondere alle e-mail e telefonate rimanenti
16:30 - 17:00: Fare un resoconto delle attività svolte durante il giorno e pianificare le attività del giorno successivo.
Esempio di piano di lavoro settimanale:

Lunedì:

Riunione con il team per definire gli obiettivi della settimana

Lavorare sulla pianificazione del progetto X
Rispondere alle e-mail e telefonate rimanenti
Martedì:

Lavorare sulla presentazione per il cliente
Riunione con il team per discutere le strategie di marketing
Rispondere alle e-mail e telefonate rimanenti
Mercoledì:

Lavorare sulla relazione mensile per il capo
Riunione con il team per discutere i progressi del progetto
Rispondere alle e-mail e telefonate rimanenti
Giovedì:

Lavorare sulla pianificazione del progetto Y
Riunione con il team per discutere le problematiche riscontrate durante il progetto X
Rispondere alle e-mail e telefonate rimanenti
Venerdì:

Lavorare sulla relazione trimestrale per il capo
Riunione con il team per valutare i risultati della settimana e definire gli obiettivi per la settimana successiva
Rispondere alle e-mail e telefonate rimanenti

L'obiettivo di un piano di lavoro giornaliero o settimanale è di organizzare il proprio tempo in modo efficace e garantire di completare le attività più importanti in modo tempestivo.

Gestire il tempo in modo efficace è un'abilità importante per migliorare la produttività e ridurre lo stress. Identificare le cause di spreco di tempo, creare una lista di attività, prioritizzarle in base all'urgenza e all'importanza e creare un piano di lavoro giornaliero o settimanale sono passi chiave per raggiungere questo obiettivo. Inoltre, è importante imparare a delegare e a dire di no quando necessario per evitare sovraccarichi di lavoro. Anche piccoli cambiamenti nella gestione del tempo possono fare una grande differenza nel migliorare la qualità della vita e raggiungere gli obiettivi personali e professionali.

Imparare a delegare le attività quando possibile può aiutare a gestire il tempo in modo più efficace. Spesso ci troviamo a dover fare troppe cose contemporaneamente, e questo può causare stress e un senso di sovraccarico. Imparare a delegare le attività può aiutare a ridurre questo stress e permettere di concentrarsi sulle attività più importanti. Quando si delega, è importante scegliere la persona giusta per il lavoro e comunicare chiaramente cosa si aspetta da loro. In questo modo, si può essere sicuri che il lavoro verrà fatto in modo efficace e ci si sentirà meno sopraffatti. Delegare può anche aiutare a sviluppare le abilità di leadership e di gestione del tempo, in quanto richiede di essere organizzati e di sapere come assegnare i compiti in modo efficiente.

Impostare limiti di tempo per le attività può aiutare a migliorare la gestione del tempo e aumentare la produttività. Ciò significa stabilire un tempo massimo da dedicare a ciascuna attività. Ad esempio, se si ha bisogno di scrivere una relazione, si può decidere di dedicare un'ora alla stesura del testo e un'altra ora alla revisione. In questo modo, si evita di perdere tempo su una singola attività e si può passare rapidamente ad altre attività importanti. Impostare limiti di tempo aiuta anche a mantenere la concentrazione e a prevenire la procrastinazione

Imparare a dire di no è un'altra abilità importante per gestire il tempo in modo più efficace. Spesso ci troviamo a dover affrontare richieste di tempo e impegno da parte di altre persone, e può essere difficile dire di no. Tuttavia, se si accetta troppo lavoro o troppe responsabilità, si può finire per sentirsi sopraffatti e avere poco tempo per se stessi e per le attività importanti.

Imparare a dire di no richiede la capacità di valutare le proprie priorità e di avere il coraggio di difenderle. Inoltre, è importante comunicare in modo chiaro e gentile le proprie ragioni per il rifiuto. A volte, può essere utile suggerire alternative o soluzioni alternative, in modo che la persona che ha fatto la richiesta non si senta respinta o ignorata.

Imparare a dire di no può sembrare difficile all'inizio, ma con la pratica diventa sempre più facile. Inoltre, imparare a dire di no quando necessario ci consente di concentrarci sulle attività importanti e di gestire il tempo in modo più efficace.

Utilizzare strumenti e tecniche per la gestione del tempo, come la tecnica Pomodoro, può essere utile per massimizzare la produttività e gestire il tempo in modo più efficace. La tecnica Pomodoro prevede di suddividere il tempo in blocchi di 25 minuti, chiamati "pomodori", separati da brevi pause. Durante ogni pomodoro, ci si concentra su un'attività specifica senza distrazioni o interruzioni. Dopo ogni pomodoro, si fa una breve pausa di 5-10 minuti per rilassarsi e ricaricare le energie prima di riprendere il lavoro. Questo metodo può aiutare a mantenere la concentrazione e ad evitare la procrastinazione. Esistono anche altre tecniche di gestione del tempo, come la matrice di Eisenhower e la regola del 80/20, che possono essere utili per organizzare le attività in modo efficace e raggiungere gli obiettivi in modo più efficiente.

Vediamo nel dettaglio queste tre tecniche.

La tecnica Pomodoro è un metodo di gestione del tempo

sviluppato da Francesco Cirillo alla fine degli anni '80. Prende il nome dal fatto che l'inventore ha utilizzato un timer a forma di pomodoro per tenere traccia del tempo.

La tecnica prevede di suddividere il lavoro in intervalli di tempo prestabiliti, di solito di 25 minuti, chiamati "pomodori". Durante ogni pomodoro, ci si concentra su una sola attività, eliminando eventuali distrazioni. Dopo ogni pomodoro, si prende una breve pausa di 5-10 minuti, durante la quale si può fare una breve camminata, bere un caffè o fare qualche esercizio di stretching. Dopo quattro pomodori consecutivi, si prende una pausa più lunga, di solito di 20-30 minuti.

La tecnica Pomodoro è utile perché aiuta a mantenere la concentrazione e a ridurre le interruzioni durante il lavoro, ma anche perché incoraggia a fare frequenti pause per evitare l'affaticamento mentale e fisico.

La tecnica di Eisenhower, invece, è un metodo di gestione del tempo basato sulla classificazione delle attività in base all'importanza e all'urgenza. Fu ideata dal generale statunitense e presidente degli Stati Uniti Dwight D. Eisenhower, che la utilizzava per prendere decisioni importanti.

Secondo la tecnica di Eisenhower, le attività possono essere suddivise in quattro categorie:

Urgente e importante: le attività che richiedono una risposta immediata e che hanno un impatto significativo sui nostri obiettivi a lungo termine.
Importante, ma non urgente: le attività che hanno un impatto significativo sui nostri obiettivi a lungo termine, ma che possono essere programmate per il futuro.
Urgente, ma non importante: le attività che richiedono

una risposta immediata, ma che non hanno un impatto significativo sui nostri obiettivi a lungo termine.

Non urgente e non importante: le attività che non hanno un impatto significativo sui nostri obiettivi a lungo termine e che possono essere eliminate o posticipate.

La tecnica di Eisenhower è utile perché aiuta a classificare le attività in modo da concentrarsi prima su quelle importanti e urgenti, ma anche a pianificare per il futuro le attività importanti, ma non urgenti, evitando di perdere tempo su attività non importanti o non urgenti.

L'80/20, noto anche come principio di Pareto, è un concetto sviluppato dall'economista italiano Vilfredo Pareto. Secondo questo principio, l'80% degli effetti deriva dal 20% delle cause. In altre parole, il 20% degli sforzi produce l'80% dei risultati. Questo concetto può essere applicato a molti aspetti della vita, come il lavoro, gli affari, le relazioni e persino il tempo libero.

Nel contesto della gestione del tempo, l'80/20 suggerisce che è importante concentrarsi sulle attività che producono il maggior impatto. Ad esempio, se hai una lista di attività da svolgere, potresti scoprire che solo alcune di esse contribuiscono significativamente al raggiungimento dei tuoi obiettivi, mentre altre sono meno importanti. Concentrati sulle attività che hanno il maggior impatto, ovvero quelle che contribuiscono maggiormente al raggiungimento dei tuoi obiettivi.

Inoltre, l'80/20 può essere utilizzato per identificare le attività che richiedono più tempo o che causano più problemi. Ad esempio, potresti scoprire che il 20% delle attività che svolgi richiedono l'80% del tuo tempo. In questo caso, potresti cercare modi per semplificare o automatizzare queste attività per liberare più tempo per le attività più importanti.

L'80/20 è un concetto utile per concentrarsi sulle attività che hanno il maggior impatto, identificare le attività che richiedono più tempo e trovare modi per semplificare o automatizzare le attività meno importanti.

Per gestire il proprio tempo in modo efficace, è importante monitorare e valutare regolarmente come lo si sta utilizzando. Ciò aiuta a identificare eventuali inefficienze e aree in cui è possibile apportare miglioramenti. È possibile utilizzare un registro del tempo per annotare tutte le attività svolte durante la giornata e il tempo impiegato per ciascuna di esse. In questo modo, sarà possibile identificare le attività che richiedono più tempo e quelle che possono essere ridotte o eliminate. Inoltre, è possibile valutare se il tempo viene utilizzato in modo equilibrato per le diverse aree della propria vita, come il lavoro, la famiglia, il tempo libero e così via. Questo monitoraggio costante del proprio uso del tempo consente di apportare miglioramenti continui e di gestire il proprio tempo in modo sempre più efficace.

Capitolo 13: Come mantenere la motivazione e la determinazione

La motivazione e la determinazione sono due elementi fondamentali per il successo in qualsiasi ambito della vita. Quando si è motivati e determinati, si è in grado di superare gli ostacoli, perseverare nelle difficoltà e raggiungere gli obiettivi desiderati. Senza di esse, si rischia di perdere l'entusiasmo e la passione per ciò che si fa, e di conseguenza, di non ottenere i risultati sperati. Comprendere l'importanza della motivazione e della determinazione è il primo passo per mantenerle costantemente presenti nella propria vita.

Identificare le cause della mancanza di motivazione e determinazione può essere un passo importante per trovare soluzioni efficaci. Alcune possibili cause possono includere:

Mancanza di chiarezza sugli obiettivi e sui motivi per cui si desidera raggiungerli.
Assenza di una strategia o di un piano d'azione dettagliato per raggiungere gli obiettivi.
Mancanza di supporto da parte di persone vicine o mancanza di feedback positivo.
Paura del fallimento o dell'insuccesso.
Mancanza di entusiasmo per le attività che devono essere svolte.
Stile di vita poco salutare o insufficiente riposo e ricarica.
Distrazioni o problemi esterni che impediscono di concentrarsi sui propri obiettivi.

Per sviluppare una forte motivazione e determinazione, è fondamentale avere una chiara visione e degli obiettivi ben definiti. Ciò significa che devi sapere esattamente ciò che vuoi raggiungere e perché lo vuoi raggiungere. Quando hai una visione chiara, puoi concentrarti sulle azioni necessarie per raggiungerla e mantenere alta la motivazione e la determinazione per portare avanti queste azioni. Inoltre, avere obiettivi ben definiti ti aiuterà a misurare il tuo progresso e a valutare se stai andando nella giusta direzione.

Per mantenere la motivazione e la determinazione, è importante avere un piano d'azione chiaro e dettagliato per raggiungere gli obiettivi. Il piano dovrebbe includere i passi specifici che devono essere compiuti per raggiungere ogni obiettivo, le risorse necessarie, le scadenze e le metriche per valutare il progresso. In questo modo, il piano diventa un'arma potente contro la mancanza di motivazione, poiché fornisce una mappa per il successo e un senso di progresso concreto. Il piano d'azione può anche essere un'opportunità per creare una serie di mini-obiettivi che possono essere raggiunti in breve tempo, in modo da mantenere l'entusiasmo e la motivazione ad ogni passo del percorso.

Per mantenere la motivazione e la determinazione è importante imparare a rompere le grandi attività in piccoli passi gestibili. A volte, gli obiettivi sembrano troppo grandi e lontani, ma se li si scompone in piccoli passi, diventano più gestibili e meno intimidatori. In questo modo, si possono raggiungere piccoli traguardi quotidiani che alimentano la motivazione e la determinazione per continuare a lavorare verso l'obiettivo finale.

Sostenere la motivazione e la determinazione attraverso le abitudini positive significa creare una serie di comportamenti sani e ripetitivi che portano a uno stato mentale positivo. Ciò può includere l'esercizio fisico regolare, una dieta sana, il tempo dedicato alla meditazione o alla gratitudine, il sonno sufficiente e la riduzione dello stress. Queste abitudini non solo aiutano a mantenere la motivazione e la determinazione, ma anche a migliorare la salute fisica e mentale complessiva.

Le abitudini positive possono sostenere la motivazione e

la determinazione nel lungo termine. Ciò significa che è importante sviluppare abitudini positive che supportino gli obiettivi e gli ideali che si vogliono raggiungere. Ad esempio, se si vuole raggiungere un obiettivo di salute, sviluppare l'abitudine di fare esercizio fisico regolarmente e di mangiare cibi sani può essere una strategia efficace per sostenere la motivazione e la determinazione.

Le abitudini positive possono essere sviluppate attraverso la ripetizione di comportamenti specifici. Ciò significa che è importante identificare i comportamenti che supportano gli obiettivi desiderati e ripeterli costantemente fino a quando non diventano abitudini consolidate. Ad esempio, se si vuole sviluppare l'abitudine di meditare ogni mattina, è importante ripetere questa attività ogni giorno finché non diventa una parte integrante della routine quotidiana.

Altre abitudini positive che possono sostenere la motivazione e la determinazione includono la pianificazione delle attività in anticipo, la creazione di un ambiente di lavoro positivo, l'impostazione di obiettivi realistici e raggiungibili e la ricerca di fonti di ispirazione e motivazione esterne, come libri, podcast o persone di successo.

È fondamentale notare che le abitudini positive richiedono tempo e sforzo per essere sviluppate. Tuttavia, una volta sviluppate, possono essere un fattore chiave per sostenere la motivazione e la determinazione nel lungo termine.

Gestire le aspettative e i fallimenti in modo costruttivo è un'altra strategia utile per mantenere la motivazione e la determinazione. È importante avere aspettative realistiche riguardo ai propri obiettivi e ai tempi necessari per raggiungerli. Inoltre, è fondamentale imparare a gestire i fallimenti in modo costruttivo, vedendoli come opportunità di apprendimento e miglioramento anziché come una sconfitta. Ciò richiede una certa dose di resilienza e di flessibilità mentale, nonché la capacità di rivedere il proprio piano d'azione e apportare eventuali modifiche necessarie. Inoltre, è importante imparare a celebrare i successi, anche quelli piccoli, per mantenere alta la motivazione e la fiducia in se stessi.

Per mantenere alta la motivazione e la determinazione, è importante cercare ispirazione e supporto dalla comunità e dalle fonti esterne. Ciò può essere fatto partecipando a gruppi di sostegno, leggendo libri motivazionali, guardando video motivazionali, ascoltando podcast e molto altro ancora. Ci sono anche molte applicazioni e programmi che possono aiutare a mantenere alta la motivazione e la determinazione, come app per la meditazione, la fitness o la produttività. Inoltre, è possibile trovare mentori o coach che possono fornire supporto e motivazione personalizzati. Trovare una comunità e fonti esterne di ispirazione e supporto può fare la differenza nella motivazione e determinazione nel perseguire i propri obiettivi.

Mantenere l'energia mentale e fisica attraverso l'autocura è fondamentale per mantenere la motivazione e la determinazione nel lungo periodo. Ciò significa prendersi cura di sé stessi, sia fisicamente che mentalmente. Alcuni modi per farlo possono includere la pratica di attività fisica regolare, una dieta equilibrata, il sonno adeguato, la meditazione o altre pratiche di rilassamento, il tempo dedicato ad attività che si amano, e così via. Quando ci si prende cura di sé stessi in modo adeguato, si aumenta la propria resistenza fisica e mentale, migliorando la capacità di affrontare i problemi e di rimanere motivati nel lungo termine.

Celebrare i successi è un aspetto importante per

mantenere alta la motivazione e la determinazione. Quando raggiungi un obiettivo, anche piccolo, prenditi del tempo per celebrare il tuo successo e ricordare perché hai iniziato questo percorso. Ciò può aiutare a rinnovare la motivazione e a riprendere il percorso con maggiore energia e determinazione. Inoltre, puoi anche rivedere il tuo piano d'azione e identificare eventuali aree in cui puoi migliorare o aggiungere nuovi obiettivi. Continua a sfidarti e ad aggiungere nuovi obiettivi per mantenere la tua motivazione e determinazione elevate.

Capitolo 14: Come fare i conti con le aspettative degli altri

Comprendere l'importanza di gestire le aspettative degli altri significa riconoscere che le nostre relazioni con gli altri sono influenzate dalle loro aspettative su di noi. Queste aspettative possono essere espresse in modo esplicito o implicito, e se non vengono gestite adeguatamente, possono causare conflitti e tensioni. È importante imparare a riconoscere le aspettative degli altri e gestirle in modo efficace per garantire relazioni sane e positive

Per gestire le aspettative degli altri, è importante prima identificare da dove provengono queste aspettative. Potrebbero essere basate su precedenti esperienze, stereotipi sociali, convinzioni personali o norme culturali. Capire le fonti delle aspettative degli altri può aiutare a gestirle in modo più efficace e ridurre eventuali conflitti o incomprensioni.Gestire le aspettative dei colleghi e dei superiori sul lavoro

Gestire le aspettative dei genitori e dei familiari può essere particolarmente difficile poiché spesso questi hanno forti idee su cosa dovremmo fare con la nostra vita. Tuttavia, è importante ricordare che la nostra vita è nostra e dobbiamo fare le scelte che ci sembrano più giuste. Per gestire le aspettative dei genitori e dei familiari, è utile comunicare apertamente con loro sui nostri obiettivi e sulle scelte che stiamo facendo. Possiamo cercare di far capire loro il perché di queste scelte e, se necessario, spiegare loro che dobbiamo seguire il nostro percorso e non quello che ci viene imposto. È importante anche ricordare che i nostri genitori e familiari spesso vogliono solo il meglio per noi e che le loro aspettative possono derivare dalla preoccupazione per il nostro benessere

Gestire le aspettative del partner o del coniuge nella vita privata richiede una comunicazione aperta e onesta. Spesso, il partner o il coniuge ha aspettative basate su convinzioni inconsapevoli o su precedenti esperienze di relazione. È importante discutere delle proprie aspettative reciproche, evitando di dare per scontato ciò che l'altro pensa o vuole. In questo modo, si possono evitare incomprensioni e frustrazioni.

È altrettanto importante rispettare le esigenze dell'altro e trovare un equilibrio tra le proprie esigenze e quelle del partner o del coniuge. Ciò richiede di essere disposti a compromessi e di trovare soluzioni che siano soddisfacenti per entrambi. In alcuni casi, potrebbe essere necessario cercare il supporto di un terapista di coppia per affrontare le questioni più complesse.

Occorre ricordare che le aspettative del partner o del coniuge non dovrebbero influire negativamente sulla propria autostima o sulla propria felicità. Cercare di accontentare l'altro a discapito della propria felicità a lungo termine può portare a insoddisfazione e risentimento. La comunicazione aperta e la consapevolezza delle proprie esigenze possono aiutare a mantenere una relazione sana e soddisfacente

Comunicare efficacemente le proprie aspettative e bisogni agli altri è fondamentale per gestire le aspettative degli altri. Spesso, le persone si aspettano cose diverse da noi perché non abbiamo comunicato chiaramente ciò che vogliamo o ciò che ci aspettiamo. Inoltre, è importante anche essere ascoltati e capiti dagli altri, in modo che possiamo lavorare insieme per trovare un terreno comune. La comunicazione efficace richiede l'uso di un linguaggio chiaro e diretto, la capacità di ascoltare attivamente gli altri e la disposizione a negoziare e compromettere quando necessario.

Gestire la delusione degli altri e imparare a gestire la propria delusione è un'altra abilità importante per fare i conti con le aspettative degli altri. È importante riconoscere che non sempre sarà possibile soddisfare le aspettative degli altri, e che le persone potrebbero essere deluse. Tuttavia, è anche importante non permettere che la delusione degli altri diventi una fonte di stress e ansia per se stessi. Imparare a gestire la propria delusione e trovare modi per superarla può aiutare a mantenere la propria salute mentale e il proprio benessere. Inoltre, è importante essere aperti e onesti nella comunicazione con gli altri sulla propria capacità di soddisfare le loro aspettative e trovare un terreno d'intesa per gestire le aspettative reciproche.

Imparare a dire di no quando necessario è un aspetto importante per mantenere un equilibrio tra le proprie esigenze e quelle degli altri. A volte, per evitare conflitti o per cercare di soddisfare le aspettative degli altri, si finisce per fare cose che non si vorrebbe o che non si ha il tempo di fare. Imparare a dire di no in modo assertivo e rispettoso può aiutare a gestire meglio le proprie priorità e a mantenere la propria autonomia. Tuttavia, è importante anche comprendere quando è il momento di essere flessibili e di fare compromessi, specialmente quando si tratta di relazioni importanti come quelle con il partner, la famiglia o gli amici.

Rimanere fedeli ai propri valori e obiettivi nonostante le aspettative degli altri è fondamentale per mantenere la propria integrità personale. Spesso gli altri possono avere aspettative diverse dalle nostre, ma questo non significa che dobbiamo abbandonare i nostri desideri e le nostre aspirazioni per accontentarli. Invece, è importante comunicare chiaramente le nostre intenzioni e le nostre ragioni, e cercare di trovare un compromesso se possibile. È anche utile ricordare che le aspettative degli altri possono essere influenzate da fattori esterni, come la pressione sociale o le proprie esperienze personali, e non sempre riflettono ciò che è meglio per noi. Mantenere la propria autenticità e perseguire i propri obiettivi può richiedere coraggio e determinazione, ma alla fine può portare a una maggiore soddisfazione e realizzazione personale.

Capitolo 15: Come trovare equilibrio tra lavoro e vita personale

Comprendere l'importanza dell'equilibrio tra lavoro e vita personale è il primo passo per raggiungerlo. Avere un equilibrio sano tra queste due sfere della vita è essenziale per la salute mentale, fisica e relazionale. Quando il lavoro diventa troppo ingombrante, la vita personale può soffrire e viceversa. Trovare un equilibrio tra queste due aree significa trovare un modo per soddisfare le proprie esigenze personali e professionali in modo equilibrato.

Per trovare un equilibrio tra lavoro e vita personale è importante riconoscere i fattori che influenzano il bilanciamento tra queste due sfere della vita. Alcuni di questi fattori possono includere il tipo di lavoro svolto, gli orari di lavoro, la flessibilità lavorativa, il livello di stress e la disponibilità di supporto da parte della famiglia e degli amici. Comprendere come questi fattori possono influenzare l'equilibrio può aiutare a identificare le aree in cui è necessario apportare modifiche per migliorare la situazione.

Per creare un equilibrio tra lavoro e vita personale, è importante avere un'agenda ben pianificata che tenga conto di entrambi gli aspetti. Questo può significare pianificare il tempo per le attività personali, come esercizio fisico, hobby e tempo con la famiglia e gli amici, oltre alle responsabilità lavorative. È importante anche prendersi il tempo per pianificare momenti di relax e riposo, in modo da evitare l'affaticamento e il burnout. La pianificazione dell'agenda può aiutare a mantenere il focus su ciò che è veramente importante e ad evitare che il lavoro si impadronisca di tutta la giornata.

Alcuni esempi per promuovere l'equilibrio tra lavoro e vita personale potrebbero includere:

Stabilire orari di lavoro regolari e dedicare del tempo alla propria vita personale al di fuori di questi orari.

Programmare le attività personali e familiari con la stessa attenzione con cui si programma il lavoro, evitando sovrapposizioni e conflitti di pianificazione.

Impostare limiti alle richieste di lavoro al di fuori degli orari di lavoro, ad esempio disattivando le notifiche di posta elettronica o di messaggistica istantanea quando non si è in ufficio.

Organizzare attività che consentano di disconnettersi dal lavoro e di ricaricare le energie, come lo sport, la meditazione o l'hobby preferito.

Coinvolgere la famiglia e gli amici nelle attività personali, creando momenti di condivisione e di rafforzamento dei legami affettivi.

Sperimentare diverse strategie per trovare l'equilibrio giusto tra lavoro e vita personale e valutare quali funzionano meglio in base alle proprie esigenze e preferenze.

Stabilire limiti chiari tra lavoro e vita personale è essenziale per mantenere l'equilibrio tra i due aspetti della propria vita. Ciò può includere impostare orari di lavoro specifici e limitare le comunicazioni di lavoro fuori dall'orario di lavoro, ad esempio disattivando le notifiche di lavoro sul telefono o sull'email personale. In questo modo, si può garantire che il tempo libero sia effettivamente dedicato a se stessi e alle attività personali, riducendo lo stress e promuovendo il benessere mentale e fisico.

Saper gestire lo stress e la pressione lavorativa è fondamentale per mantenere un equilibrio tra lavoro e vita personale. Ci sono diverse tecniche per far fronte allo stress, come la meditazione, l'esercizio fisico, la respirazione profonda e la pratica di attività piacevoli al di fuori del lavoro. Inoltre, è importante imparare a delegare compiti e responsabilità quando possibile e a chiedere aiuto quando necessario. La capacità di gestire lo stress e la pressione lavorativa può aiutare a mantenere una buona salute mentale e fisica, che a sua volta può migliorare la qualità della vita personale.

Promuovere la salute mentale e fisica attraverso l'autocura è essenziale per mantenere l'equilibrio tra lavoro e vita personale. Ciò può includere attività come il fitness regolare, la meditazione, il tempo trascorso nella natura e un'alimentazione sana. L'autocura può anche includere attività come la lettura, l'ascolto della musica, l'hobby creativo o qualsiasi altra cosa che aiuti a ridurre lo stress e promuovere il benessere.

Fare una valutazione periodica dell'equilibrio tra lavoro e vita personale è essenziale per mantenerlo nel tempo. È importante valutare regolarmente come si sta gestendo il proprio tempo, se si stanno raggiungendo gli obiettivi sia nel lavoro che nella vita personale e se si sta ottenendo il giusto equilibrio. In questo modo, si possono apportare eventuali modifiche e adeguamenti per mantenere l'equilibrio desiderato.

Lo smart working è una modalità di lavoro flessibile che consente ai lavoratori di svolgere le proprie mansioni in modo indipendente e autonomo, senza dover necessariamente recarsi fisicamente in ufficio.

Questa modalità di lavoro si basa sull'uso di tecnologie digitali come internet, computer, smartphone e software di comunicazione per gestire il lavoro in remoto. L'obiettivo è quello di massimizzare la produttività, ridurre i costi di gestione degli uffici e migliorare la qualità della vita dei lavoratori.

Per molti, lo smart working rappresenta un modo per trovare un equilibrio tra lavoro e vita personale, in quanto consente di organizzare il proprio tempo in modo più flessibile, evitando gli spostamenti pendolari e risparmiando tempo e denaro.

Tuttavia, è importante notare che il lavoro in smart working richiede un'adeguata organizzazione, disciplina e responsabilità da parte del lavoratore, nonché una buona comunicazione con il datore di lavoro o il team.

Inoltre, il lavoro in remoto può comportare una maggiore esposizione al rischio di isolamento sociale e di burnout, se non gestito correttamente. È quindi fondamentale promuovere l'autocura e adottare strategie efficaci per gestire lo stress e mantenere un equilibrio tra lavoro e vita personale quando si lavora in smart working.

Identificare le risorse esterne per supportare l'equilibrio tra lavoro e vita personale è un passo importante per mantenere un sano equilibrio tra le due sfere. Queste risorse possono includere servizi di assistenza all'infanzia, centri sportivi, supporto psicologico, consulenti finanziari, gruppi di sostegno e molto altro ancora. È importante identificare queste risorse e utilizzarle in modo strategico per ridurre lo stress e migliorare la qualità della vita. Ad esempio, se si ha bisogno di assistenza all'infanzia per prendersi cura dei propri figli, è possibile cercare servizi di babysitting affidabili o iscriversi a un centro di assistenza all'infanzia. In alternativa, se si sta cercando di gestire lo stress e le sfide legate al lavoro, potrebbe essere utile rivolgersi a un consulente o un terapista specializzato in quest'area.

Rinnovare la motivazione e la determinazione per mantenere l'equilibrio tra lavoro e vita personale è fondamentale per evitare di cadere nella routine e nella monotonia. Ci sono diverse attività che si possono fare per rimanere motivati, come dedicarsi ad un hobby, fare attività fisica o pianificare una vacanza. Inoltre, è importante fare periodicamente una valutazione dell'equilibrio tra lavoro e vita personale per capire se ci sono aspetti da migliorare e modificare. L'equilibrio tra lavoro e vita personale è una questione di priorità e, sebbene sia importante essere dedicati e impegnati nel lavoro, è altrettanto importante prendersi cura di sé stessi e della propria vita personale per mantenere una buona qualità della vita.

Capitolo 16: Come sviluppare una mentalità di successo

Comprendere il concetto di mentalità di successo implica acquisire la consapevolezza che il successo non è solo il risultato di abilità e talenti innati, ma è il risultato di un insieme di atteggiamenti e abitudini mentali che possono essere sviluppati e coltivati. La mentalità di successo è una prospettiva positiva che ci permette di affrontare le sfide con più determinazione, di imparare dai fallimenti e di continuare a crescere e migliorare costantemente. È una mentalità che si basa sulla consapevolezza che il successo richiede impegno, perseveranza e un atteggiamento positivo verso gli ostacoli e le difficoltà.

Identificare i fattori che influenzano la mentalità di successo può aiutare a comprendere meglio come svilupparla. Tra questi fattori ci sono le credenze personali, l'ambiente circostante, le esperienze passate, le abitudini e le relazioni sociali. Comprendere come questi fattori influenzano la mentalità di successo può aiutare a individuare le aree che richiedono un lavoro di sviluppo e miglioramento.

Sviluppare una visione chiara e motivante del successo è un altro aspetto fondamentale per sviluppare una mentalità di successo. Ciò significa avere un'idea precisa di ciò che si vuole raggiungere e del perché si vuole raggiungerlo. È importante visualizzare i propri obiettivi in modo vivido e dettagliato, in modo da mantenere la motivazione e la determinazione durante il percorso per raggiungerli. Inoltre, avere una visione positiva e ottimistica del futuro può aiutare a superare le sfide e le difficoltà che si incontrano lungo il cammino.

Adottare un atteggiamento positivo e proattivo verso i propri obiettivi è un passo fondamentale per sviluppare una mentalità di successo. Ciò significa concentrarsi sulle opportunità invece che sui problemi e sugli ostacoli, e cercare sempre di trovare soluzioni invece di arrendersi alle difficoltà. È importante anche mantenere una mentalità aperta e flessibile, pronti ad adattarsi ai cambiamenti e alle sfide che la vita presenta. In questo modo, si può trasformare ogni esperienza in un'opportunità per crescere e migliorare, piuttosto che un ostacolo insormontabile.

Allenare la propria mente per il successo è un'attività continua che richiede l'impegno nell'auto-miglioramento e nella formazione continua. Questo può includere la lettura di libri, l'ascolto di podcast o la partecipazione a corsi di formazione per acquisire nuove competenze e conoscenze. Inoltre, è importante identificare e superare le proprie debolezze e limiti attraverso l'autoanalisi e l'auto-riflessione per sviluppare un atteggiamento di crescita. Ciò consente di mantenere la mente aperta al cambiamento e di adattarsi alle sfide in modo più efficace.

Superare le limitazioni mentali e le credenze limitanti è un passo fondamentale per sviluppare una mentalità di successo. Le limitazioni mentali possono essere rappresentate da pensieri negativi, paure, insicurezze o convinzioni limitanti che ci impediscono di raggiungere il nostro pieno potenziale. Ad esempio, potremmo credere di non essere in grado di raggiungere un obiettivo perché non abbiamo le competenze necessarie o perché pensiamo di non avere abbastanza tempo o risorse.

Per superare queste limitazioni mentali, è importante iniziare ad analizzarle criticamente e cercare di capire da dove derivano. Spesso, queste limitazioni derivano da esperienze passate, messaggi negativi ricevuti durante l'infanzia o il condizionamento sociale.

Una volta che abbiamo individuato le nostre limitazioni mentali, possiamo iniziare a sostituirle con convinzioni più positive e costruttive. Ad esempio, possiamo sostituire il pensiero "non sono abbastanza bravo" con "posso migliorare continuamente le mie abilità".

È importante anche cercare il supporto di persone che condividono la nostra mentalità di successo e che ci sostengono nell'eliminazione delle nostre limitazioni mentali. La pratica di tecniche di rilassamento come la meditazione e lo yoga può anche aiutare a ridurre lo stress e l'ansia e a promuovere una maggiore consapevolezza di sé.

Una mentalità di successo implica anche la capacità di gestire le sfide e le difficoltà che si incontrano lungo il percorso. La resilienza è un fattore chiave per sviluppare questa capacità. Essa implica la capacità di adattarsi ai cambiamenti, di superare gli ostacoli e di trovare soluzioni creative ai problemi. La resilienza richiede una mentalità di apprendimento continuo e di flessibilità mentale, che consente di trasformare le difficoltà in opportunità. Alcune strategie per sviluppare la resilienza includono l'identificazione e la gestione dello stress, la ricerca di supporto sociale e l'adattamento alle situazioni in modo positivo. Inoltre, è importante avere una prospettiva positiva, concentrarsi sulle soluzioni piuttosto che sui problemi e utilizzare l'esperienza per crescere e migliorarsi continuamente.

Per sviluppare una mentalità di successo, è importante creare un ambiente che la supporti. Ciò significa cercare di evitare le distrazioni che possono compromettere la produttività e l'efficacia, come le interruzioni frequenti o i luoghi di lavoro disorganizzati. Inoltre, è importante cercare di circondarsi di persone che condividono la stessa mentalità di successo e che possono fornire supporto e incoraggiamento. A tal fine, si possono cercare gruppi di apprendimento o gruppi di sostegno, o partecipare a conferenze o workshop incentrati sulla crescita personale e professionale. Infine, è utile creare abitudini sane e positive che supportino la mentalità di successo, come fare regolare esercizio fisico, mangiare in modo sano, dormire bene e dedicare del tempo alla meditazione o alla riflessione. In generale, creare un ambiente che supporti una mentalità di successo richiede un approccio olistico e integrato, che consideri sia gli aspetti esterni che interni della nostra vita.

Riconoscere e celebrare i propri successi è un elemento fondamentale per mantenere la motivazione e la determinazione nell'ambito della mentalità di successo. Troppo spesso siamo inclini a focalizzarci solo sui nostri errori e sulle sfide che abbiamo di fronte, trascurando di celebrare le nostre vittorie e progressi. Tuttavia, è importante riconoscere e celebrare ogni successo, anche quelli più piccoli, per creare una sensazione di realizzazione e per mantenere la motivazione a lungo termine.

Sviluppare una mentalità di successo richiede lavoro e dedizione costanti. È un percorso che richiede consapevolezza, impegno e un forte desiderio di raggiungere i propri obiettivi. Tuttavia, attraverso l'adozione di abitudini e pratiche che promuovono una mentalità di successo, possiamo raggiungere i nostri obiettivi e creare una vita piena di significato e realizzazione.

Capitolo 17: Come adattarsi alle nuove situazioni e alle sfide

In un mondo in continua evoluzione, l'adattamento alle nuove situazioni e alle sfide è diventato una competenza sempre più importante per il successo personale e professionale. Questa capacità non solo ci consente di sopravvivere ai cambiamenti, ma anche di trarne beneficio, imparando nuove abilità e sfruttando le opportunità che si presentano. L'adattamento richiede flessibilità mentale, apertura al cambiamento e capacità di apprendimento continuo. In questo capitolo esploreremo come sviluppare queste competenze e adattarci alle nuove situazioni e alle sfide in modo efficace.

Quando ci troviamo di fronte a nuove situazioni e sfide, è importante riconoscere che ci saranno sicuramente delle difficoltà da affrontare, ma anche opportunità di crescita e di apprendimento. Per identificare tali sfide e opportunità, può essere utile analizzare attentamente la situazione, individuando gli aspetti che la rendono nuova o inaspettata. Inoltre, può essere utile chiedersi quali sono le risorse a nostra disposizione per affrontare tali sfide e quali sono le eventuali lacune che dobbiamo colmare per affrontarle con successo. Solo in questo modo possiamo essere preparati ad adattarci alle nuove situazioni e alle sfide che la vita ci propone.

La flessibilità mentale è una capacità importante per adattarsi alle nuove situazioni e alle sfide. Ciò implica la capacità di adottare nuove prospettive, di essere aperti al cambiamento e di trovare soluzioni creative ai problemi. È importante anche essere in grado di gestire l'incertezza e l'ambiguità, riconoscendo che la maggior parte delle situazioni nuove comportano una certa dose di rischio e di incertezza. Sviluppare la flessibilità mentale richiede pratica e consapevolezza delle proprie abitudini e dei propri schemi di pensiero.

Quando ci troviamo di fronte a situazioni nuove e inaspettate, può essere naturale sentirsi ansiosi o stressati. È importante sviluppare strategie per gestire questi sentimenti in modo da poter affrontare le sfide con maggiore chiarezza mentale e decisionale. Ciò può includere tecniche di respirazione, meditazione, esercizio fisico o altre attività rilassanti.

Inoltre, può essere utile cercare il supporto di amici, familiari o professionisti qualificati, come un coach o un terapista, per parlare dei propri sentimenti e trovare strategie efficaci per affrontare lo stress associato ai cambiamenti. Ci sono anche molte risorse online disponibili, come corsi online di mindfulness o di gestione dello stress, che possono essere utili per gestire meglio l'ansia e lo stress durante i periodi di cambiamento.

Essere creativi e innovativi nel trovare soluzioni alle nuove sfide può essere fondamentale per adattarsi con successo a situazioni inaspettate. Ciò richiede la capacità di pensare fuori dagli schemi e di trovare modi alternativi per affrontare le sfide. Si può sviluppare la creatività attraverso l'esplorazione di nuove idee e approcci, la ricerca di nuove fonti di ispirazione e la pratica di attività che favoriscono il pensiero laterale, come la risoluzione di enigmi e rompicapi. Inoltre, può essere utile coinvolgere persone con punti di vista diversi e con esperienze diverse, poiché questo può portare a una maggiore diversità di idee e soluzioni.

Saper rivedere e adattare i propri obiettivi in base alle nuove circostanze è un altro aspetto fondamentale per adattarsi alle nuove situazioni e alle sfide. Quando le circostanze cambiano, i nostri obiettivi possono diventare obsoleti o meno realistici. Invece di continuare a perseguire un obiettivo che non ha più senso, è importante rivedere e adattare i propri obiettivi in base alla situazione attuale.

Ciò non significa abbandonare completamente i propri obiettivi, ma piuttosto ridefinirli e adattarli per renderli più realistici e pertinenti alle nuove circostanze. Ad esempio, se si è perso il lavoro a causa di una crisi economica, l'obiettivo potrebbe essere quello di trovare un nuovo lavoro in un campo diverso o di acquisire nuove competenze per migliorare le prospettive di lavoro nel proprio settore.

La chiave è essere flessibili e aperti al cambiamento, e saper adattare i propri obiettivi in modo da continuare a progredire verso il successo nonostante le sfide e le difficoltà incontrate lungo il percorso.

Il supporto sociale è un fattore cruciale nell'affrontare i cambiamenti e le nuove situazioni. Trovare persone di fiducia, come amici, familiari o colleghi, con cui condividere le proprie preoccupazioni e cercare soluzioni può essere di grande aiuto. Inoltre, il supporto sociale può offrire una prospettiva diversa e incoraggiare a considerare nuove possibilità. Ci sono anche comunità online e gruppi di sostegno che possono fornire un sostegno prezioso in situazioni in cui ci si sente isolati o soli

Uno dei modi più importanti per adattarsi alle nuove situazioni e alle sfide è imparare dai propri errori. Nessuno è perfetto e tutti commettiamo errori, ma la chiave per il successo è imparare da essi e utilizzarli come opportunità di crescita e miglioramento. Ciò richiede un atteggiamento aperto e positivo nei confronti dei fallimenti, nonostante il fatto che sia facile sentirsi frustrati o scoraggiati. Invece, è importante guardare agli errori come occasioni per apprendere e sviluppare nuove competenze. Questo può includere l'identificazione delle aree in cui si è stati meno efficaci e la definizione di strategie per migliorare tali aspetti. Inoltre, imparare dai propri errori significa anche rivedere le proprie scelte e decisioni, e fare le giuste correzioni. Ciò richiede umiltà e un'apertura mentale per accettare che le scelte fatte potrebbero non essere sempre le migliori, ma che c'è sempre una possibilità di miglioramento. Infine, è importante celebrare anche i piccoli progressi fatti nel percorso di apprendimento dai propri errori.

Accettare e abbracciare il cambiamento come parte integrante della vita è essenziale per adattarsi alle nuove situazioni e alle sfide. Spesso, le persone resistono al cambiamento perché hanno paura dell'ignoto o perché temono di perdere il controllo. Tuttavia, il cambiamento può anche rappresentare un'opportunità di crescita e di miglioramento. Accettare il cambiamento significa imparare a gestire la paura e l'incertezza che lo accompagnano, e cercare di trovare modi per far fronte alle nuove sfide. Inoltre, abbracciare il cambiamento significa essere aperti a nuove idee, a nuove persone e a nuove esperienze, e poter cogliere le opportunità che la vita offre. In sintesi, accettare e abbracciare il cambiamento è fondamentale per adattarsi alle nuove situazioni e alle sfide, e per continuare a crescere e migliorare come individui.

La capacità di adattarsi alle nuove situazioni e di affrontare le sfide in modo flessibile è una competenza fondamentale per avere successo nella vita personale e professionale. Nel corso della vita, ci saranno sempre momenti di cambiamento e incertezza, ma è importante vedere questi momenti come opportunità per crescere e migliorarsi. Sviluppando la flessibilità mentale, la creatività e la capacità di apprendere dai propri errori, si può superare qualsiasi sfida e adattarsi alle nuove circostanze. Accettare e abbracciare il cambiamento come parte integrante della vita è un passo importante verso il successo e il benessere a lungo termine.

Capitolo 18: Come mantenere una mente aperta e curiosa

La mente aperta e curiosa è un atteggiamento mentale che consente di esplorare nuove idee, imparare continuamente e adattarsi alle sfide. Questa mentalità si basa sull'accettazione di nuove informazioni e di prospettive diverse dalla propria. Essere mentalmente aperti e curiosi significa essere pronti a mettere in discussione le proprie convinzioni, a imparare dalle esperienze e ad essere aperti all'evoluzione personale. In questo capitolo, esploreremo come sviluppare una mente aperta e curiosa e come utilizzarla per migliorare la propria vita personale e professionale.

Avere una mente aperta e curiosa può portare numerosi benefici nella vita personale e professionale. Ad esempio, una mente aperta è in grado di accettare e comprendere punti di vista diversi dal proprio, favorendo la collaborazione e il lavoro di squadra. Inoltre, una mente curiosa stimola l'apprendimento continuo, migliorando la capacità di problem solving e la creatività. In ambito lavorativo, una mente aperta può anche favorire l'innovazione e il progresso dell'organizzazione, poiché è in grado di valutare nuove idee e di sperimentare nuovi approcci. In generale, avere una mente aperta e curiosa può portare ad un'esperienza di vita più ricca e soddisfacente.

Quando si parla di mantenere una mente aperta e curiosa, è importante riconoscere i limiti delle proprie conoscenze e dei propri preconcetti. Ognuno di noi ha una serie di credenze e idee preconcette che possono influenzare il modo in cui vediamo il mondo e le decisioni che prendiamo. Tuttavia, se vogliamo crescere e imparare, è importante riconoscere questi limiti e cercare di superarli.

Ci sono molte tecniche che possono aiutare a identificare

i propri preconcetti e ad allargare le proprie conoscenze. Ad esempio, è possibile leggere libri e articoli su argomenti che non si conoscono bene, frequentare corsi o workshop su nuovi argomenti o cercare l'opinione di persone con background diversi dal proprio. In questo modo si può sviluppare una maggiore apertura mentale e una maggiore consapevolezza delle proprie limitazioni.

Per coltivare una mente aperta e curiosa, è importante sviluppare la capacità di apprendere continuamente. La curiosità è un'importante fonte di motivazione e può aiutare a mantenere l'attenzione sulle cose che ci circondano. Ciò significa essere disposti a esplorare nuove idee e ad accettare nuove prospettive, anche se sono in contrasto con le nostre opinioni o le nostre credenze attuali.

Ci sono molti modi per sviluppare la curiosità. Uno di essi è quello di esplorare cose nuove ogni giorno, anche se sono piccole cose come assaggiare un nuovo cibo o visitare un luogo diverso. Si può anche cercare di imparare qualcosa di nuovo ogni giorno, ad esempio leggere un libro su un argomento in cui si è interessati o guardare un documentario su un argomento di cui non si conosce molto.

Per mantenere una mente aperta e curiosa, è utile porre domande e ascoltare attentamente le risposte degli altri. Ciò aiuta a comprendere meglio il punto di vista degli altri e a esplorare nuove idee e prospettive.

Fondamentale è essere disposti a cambiare il proprio punto di vista e ad accettare che le nostre opinioni e le nostre credenze possono cambiare nel tempo. Ciò richiede una certa flessibilità mentale e l'apertura a nuove idee e prospettive.

Essere aperti alle idee degli altri è la chiave per mantenere una mente aperta e curiosa. Ciò significa saper ascoltare e considerare idee diverse dalle proprie, anche se si è inizialmente in disaccordo. Quando si è disposti ad ascoltare gli altri, si possono apprendere nuove prospettive e idee che potrebbero non essere state considerate altrimenti. Inoltre, ascoltare le opinioni degli altri può aiutare a evitare il rischio di essere troppo influenzati dalle proprie idee preconcette e di cadere in un pensiero rigido. Essere aperti alle idee degli altri può anche migliorare la comunicazione e la collaborazione con gli altri, sia nella vita personale che professionale.

Rimuovere i giudizi e l'ego è un passo importante per abbracciare nuove idee e mantenere una mente aperta. Spesso, infatti, le nostre opinioni e i nostri preconcetti possono impedirci di apprezzare nuove prospettive e idee.

Per rimuovere i giudizi e l'ego, è utile iniziare a esaminare le proprie credenze e valutare se sono veramente fondate o se sono basate su preconcetti o limiti imposti dalla cultura o dall'ambiente in cui si vive. Inoltre, è importante sviluppare una mente critica, ma aperta, che valuti in modo obiettivo le idee degli altri senza pregiudizi o preconcetti.

Un altro modo per rimuovere i giudizi e l'ego è imparare ad ascoltare gli altri in modo attivo e senza interruzioni. Ciò significa concentrarsi sulla persona che parla, chiedere chiarimenti e provare a capire il loro punto di vista. Inoltre, è importante riconoscere quando si sta facendo una valutazione basata sulla propria esperienza o conoscenza limitata e cercare di ampliare il proprio punto di vista.

In definitiva, rimuovere i giudizi e l'ego richiede un certo grado di umiltà e apertura mentale, ma può portare a una maggiore comprensione degli altri e alla scoperta di nuove idee e prospettive.

Avere una mente aperta e curiosa significa anche essere disposti a sperimentare e provare cose nuove. Questo può significare prendere rischi e affrontare situazioni sconosciute, ma può anche essere una fonte di grande apprendimento e crescita personale.

Questo può aiutare ad ampliare la propria prospettiva e a sviluppare nuove competenze. Ciò significa anche essere disposti ad abbandonare vecchi schemi mentali e a imparare da esperienze diverse e non familiari.

Ad esempio, se si è sempre lavorato in un determinato campo, si potrebbe considerare l'opportunità di sperimentare qualcosa di completamente diverso, come un nuovo hobby o un viaggio in un luogo inesplorato. In questo modo, si avrà la possibilità di apprendere nuove cose, acquisire nuove prospettive e mettersi alla prova in situazioni inaspettate.

Sperimentare e provare cose nuove può anche essere utile nel contesto lavorativo. Ad esempio, potrebbe essere utile partecipare a un corso di formazione o a una conferenza in un campo completamente diverso dal proprio, per acquisire nuove conoscenze e prospettive che potrebbero essere applicate nel proprio lavoro.

L'apertura alla sperimentazione e alla novità può portare a nuove opportunità e a un arricchimento della propria vita personale e professionale.

Apprezzare la bellezza e l'unicità delle diversità culturali è fondamentale per mantenere una mente aperta e curiosa. Ogni cultura ha i propri valori, credenze, stili di vita e tradizioni, e tutte meritano rispetto e comprensione. Avere una mente aperta significa accogliere queste differenze con curiosità, anziché con giudizio o pregiudizio. In questo modo, si possono scoprire nuove prospettive e approcci al mondo che altrimenti non sarebbero stati possibili. Inoltre, l'apprezzamento della diversità culturale aiuta a sviluppare la sensibilità e l'empatia, importanti abilità sociali e di comunicazione.

Per mantenere una mente aperta e curiosa è importante combattere la stagnazione mentale, ovvero l'essere bloccati nelle proprie abitudini e routine. Per farlo, è possibile utilizzare l'innovazione e la creatività, cercando di pensare in modo originale e fuori dagli schemi.

L'innovazione può riguardare molteplici aspetti della vita, dal lavoro alla vita personale. Ad esempio, si può cercare di trovare nuove soluzioni ai problemi, utilizzando strumenti e approcci innovativi. Inoltre, si può cercare di innovare la propria routine quotidiana, provando nuove attività o approcci al lavoro.

La creatività, invece, può essere utilizzata per trovare nuove idee e prospettive, esprimere se stessi in modi nuovi e diversi e migliorare la propria capacità di problem solving. Si può coltivare la creatività attraverso attività come la pittura, la scrittura, la musica o il teatro, ma anche semplicemente cercando di pensare fuori dagli schemi e di trovare nuove connessioni tra idee e concetti.

L'innovazione e la creatività possono aiutare a mantenere una mente aperta e curiosa, favorendo la scoperta di nuove idee e prospettive e prevenendo la stagnazione mentale.

Per mantenere una mente aperta e curiosa è importante combattere la stagnazione mentale, ovvero l'essere bloccati nelle proprie abitudini e routine. Per farlo, è possibile utilizzare l'innovazione e la creatività, cercando di pensare in modo originale e fuori dagli schemi.

L'innovazione può riguardare molteplici aspetti della vita,

dal lavoro alla vita personale. Ad esempio, si può cercare di trovare nuove soluzioni ai problemi, utilizzando strumenti e approcci innovativi. Inoltre, si può cercare di innovare la propria routine quotidiana, provando nuove attività o approcci al lavoro.

La creatività, invece, può essere utilizzata per trovare nuove idee e prospettive, esprimere se stessi in modi nuovi e diversi e migliorare la propria capacità di problem solving. Si può coltivare la creatività attraverso attività come la pittura, la scrittura, la musica o il teatro, ma anche semplicemente cercando di pensare fuori dagli schemi e di trovare nuove connessioni tra idee e concetti.

L'innovazione e la creatività possono aiutare a mantenere una mente aperta e curiosa, favorendo la scoperta di nuove idee e prospettive e prevenendo la stagnazione mentale.

Capitolo 19: Come apprezzare i successi e le piccole vittorie

L'idea di apprezzare i successi e le piccole vittorie nella vita quotidiana potrebbe sembrare banale, ma in realtà ha un impatto significativo sulla nostra salute mentale e sul nostro benessere generale. In un mondo in cui siamo spesso concentrati sugli obiettivi a lungo termine e sui grandi traguardi, è facile dimenticare di celebrare i piccoli successi che ci accadono ogni giorno. In questo capitolo, esploreremo l'importanza di riconoscere e apprezzare le piccole vittorie, sia per la nostra salute mentale che per il nostro successo a lungo termine.

Celebrare i successi, grandi o piccoli che siano, può avere un impatto positivo sulla nostra salute mentale e sul nostro benessere generale. Apprezzare e riconoscere i nostri successi ci permette di sentirci gratificati e soddisfatti per ciò che abbiamo raggiunto, aumentando la nostra autostima e la fiducia in noi stessi. Inoltre, celebrare le piccole vittorie ci aiuta a rimanere motivati e concentrati sui nostri obiettivi a lungo termine, poiché ci fa notare il progresso che stiamo facendo e ci incoraggia a continuare a lavorare duramente. Infine, la celebrazione dei successi ci consente di goderci i momenti positivi della vita e di apprezzare le piccole cose che rendono la vita degna di essere vissuta.

Per poter apprezzare i successi e le piccole vittorie nella propria vita, è importante essere consapevoli di ciò che si vuole ottenere e fissare degli obiettivi realistici. Spesso, infatti, ci si focalizza solo sugli obiettivi finali e si trascurano i progressi intermedi. È importante riconoscere e celebrare ogni passo avanti, anche quelli che possono sembrare insignificanti, in quanto possono rappresentare un grande passo avanti verso il raggiungimento degli obiettivi prefissati. Inoltre, è utile tenere traccia dei progressi fatti, ad esempio attraverso un diario o una lista di cose da fare, in modo da poter guardare indietro e apprezzare i successi ottenuti.

Riconoscere le sfide e gli ostacoli superati nel raggiungimento dei propri obiettivi è un passo importante per apprezzare i successi e le piccole vittorie. È facile concentrarsi sugli obiettivi non ancora raggiunti e tralasciare le tappe intermedie che ci hanno portato al successo. Prendersi il tempo per rivedere il percorso e riflettere sui progressi fatti può aiutare a rafforzare la motivazione e la fiducia in se stessi. Inoltre, riconoscere le sfide superate può essere un'opportunità per imparare dai propri errori e affrontare meglio le future difficoltà.

Saper apprezzare il processo di apprendimento e di crescita personale attraverso il riconoscimento dei successi è essenziale per mantenere la motivazione e la determinazione nel raggiungimento dei propri obiettivi. Spesso ci focalizziamo tanto sull'obiettivo finale che perdiamo di vista il percorso che ci ha portato lì. Celebrare i successi, grandi e piccoli, ci aiuta a ricordare il progresso fatto e a riconoscere la nostra abilità di superare le sfide.

Inoltre, il riconoscimento dei successi ci permette di apprezzare il valore delle esperienze passate, indipendentemente dal loro esito finale. Ciò ci consente di sviluppare una prospettiva più ampia sulla vita e di evitare di cadere nella trappola del pensiero binario, in cui l'unico risultato accettabile è il successo totale.

Celebrare i successi può anche aiutarci a costruire una mentalità positiva e orientata al successo. Quando siamo in grado di vedere il valore dei nostri successi, anche quelli apparentemente insignificanti, siamo più propensi a mantenere una prospettiva positiva e a perseverare nel raggiungimento dei nostri obiettivi.

La gratitudine è un'importante abilità mentale che ci consente di apprezzare i successi e le piccole vittorie nella vita quotidiana. Quando siamo grati per ciò che abbiamo raggiunto, diventiamo più consapevoli delle nostre capacità e delle opportunità che abbiamo avuto. Inoltre, la gratitudine ci aiuta a concentrarci sul positivo, migliorando il nostro umore e la nostra prospettiva.

Per utilizzare la gratitudine come strumento per apprezzare i successi e le piccole vittorie, è utile fare un esercizio quotidiano di riflessione su ciò che abbiamo raggiunto durante la giornata, anche se sembrano cose insignificanti. Possiamo scrivere su un diario o fare una lista mentale di almeno tre cose per cui siamo grati. Questo esercizio ci aiuta a focalizzarci sulle cose positive e a sviluppare una mentalità di apprezzamento, che ci aiuta a gestire meglio lo stress e ad aumentare la felicità.

Possiamo esprimere la nostra gratitudine ad altre persone che ci hanno aiutato nel raggiungimento dei nostri obiettivi o che ci hanno incoraggiato lungo il percorso. In questo modo, non solo dimostriamo il nostro apprezzamento, ma anche rafforziamo i legami con le persone importanti nella nostra vita.

Apprezzare i successi non significa smettere di perseguire i propri obiettivi. Al contrario, la gratitudine ci motiva a continuare a migliorare e ad affrontare le sfide future con maggior determinazione e fiducia.

Evitare di minimizzare o sottovalutare i propri successi e le piccole vittorie è un altro importante aspetto da considerare. Spesso siamo inclini a considerare un successo solo se si tratta di un grande obiettivo raggiunto, trascurando l'importanza dei piccoli passi compiuti per raggiungerlo. È importante capire che ogni successo, grande o piccolo che sia, è un passo avanti verso il raggiungimento dei nostri obiettivi e che ogni piccola vittoria ha il potere di alimentare la nostra motivazione e la nostra autostima.

Minimizzare i successi può portare a un senso di insoddisfazione costante, non riuscendo mai a vedere il lato positivo delle proprie azioni. Per questo motivo, è importante imparare a riconoscere e apprezzare anche i piccoli successi, ad esempio il completamento di un compito importante, una conversazione difficile gestita con successo o una giornata in cui siamo stati particolarmente produttivi. Celebrare questi successi, anche se piccoli, può farci sentire grati per le nostre azioni e aumentare la nostra autostima.

Celebrare i successi e le piccole vittorie con gli altri può essere un'esperienza ancora più gratificante. Condividere i propri successi con amici, familiari o colleghi può non solo rafforzare i legami, ma anche ispirare e motivare gli altri a perseguire i loro obiettivi. Inoltre, ricevere feedback positivi e congratulazioni può rafforzare l'autostima e la fiducia in se stessi. Ci sono molte modi per festeggiare i successi, dalle cene alle feste, alle semplici parole di apprezzamento. L'importante è trovare un modo che si adatta alle proprie preferenze e personalità.

Celebrare i successi e le piccole vittorie non solo ci aiuta a riconoscere il nostro valore e le nostre abilità, ma può anche aiutare a mantenere l'entusiasmo e la motivazione nel raggiungimento dei nostri obiettivi. Quando celebriamo i nostri successi, siamo incoraggiati a continuare a fare del nostro meglio e a perseguire nuovi obiettivi. Inoltre, la celebrazione dei successi può aiutare a ridurre lo stress e l'ansia associati al perseguimento dei nostri obiettivi, poiché ci permette di rilassarci e godere del momento presente.

Una buona pratica per mantenere l'entusiasmo e la

motivazione è quella di tenere traccia dei nostri successi e delle nostre piccole vittorie, annotandoli in un diario o in una lista. In questo modo, possiamo rileggere i nostri successi e ricordare quanto siamo capaci di realizzare. Inoltre, possiamo fissare obiettivi realistici e celebrare i successi ogni volta che li raggiungiamo.

Condividere i nostri successi con gli altri, parlarne con gli amici e la famiglia può non solo aumentare il nostro senso di gratificazione, ma anche ispirare gli altri a perseguire i loro obiettivi. Inoltre, possiamo creare una rete di supporto che ci aiuti a mantenere l'entusiasmo e la motivazione durante i momenti difficili.

I successi e le piccole vittorie sono un processo continuo di apprendimento e crescita personale. Non dobbiamo mai smettere di cercare nuove sfide e di celebrare ogni successo, grande o piccolo che sia. La celebrazione dei successi ci aiuta a riconoscere il nostro valore e a mantenere l'entusiasmo e la motivazione nel perseguimento dei nostri obiettivi

In questo capitolo abbiamo esplorato l'importanza di apprezzare i successi e le piccole vittorie nella vita quotidiana. Abbiamo visto i benefici che derivano dal celebrare i successi, anche quelli apparentemente insignificanti, e come riconoscere e apprezzare i successi nella propria vita. Inoltre, abbiamo parlato dell'importanza di utilizzare la gratitudine come strumento per apprezzare i successi, evitando di minimizzarli o sottovalutarli. Infine, abbiamo esaminato come la celebrazione dei successi e delle piccole vittorie può aiutare a mantenere l'entusiasmo e la motivazione nel raggiungimento degli obiettivi. Celebrare i successi non solo rende la vita più piacevole e gratificante, ma può anche aiutare a mantenere la motivazione, aumentare l'autostima e migliorare la fiducia in se stessi.

Capitolo 20: Conclusioni e come continuare a reinventarsi.

In questo capitolo finale, si può fare una sintesi di tutti i concetti esplorati nel libro e di come questi possano essere applicati nella pratica quotidiana per continuare a reinventarsi.

Dapprima abbiamo esplorato l'importanza di una mentalità aperta e curiosa per abbracciare il cambiamento e imparare continuamente. Questo ha incluso l'importanza di identificare i propri limiti di conoscenza e preconcetti, saper ascoltare idee diverse dalle proprie e sperimentare cose nuove per ampliare la propria prospettiva.

Abbiamo poi affrontato l'importanza di fronteggiare le sfide e di utilizzare il supporto sociale per superarle, oltre a saper apprendere dai propri errori per utilizzarli come opportunità di crescita e miglioramento.

Abbiamo visto come apprezzare i successi e le piccole vittorie, anche quelle apparentemente insignificanti, possa aumentare la motivazione e l'entusiasmo per continuare a perseguire i propri obiettivi.

Infine abbiamo trattato l'importanza di adattarsi ai cambiamenti e di vedere i cambiamenti come un'opportunità di crescita personale.

Per continuare a reinventarsi, è importante tenere questi concetti in mente e applicarli nella propria vita quotidiana. Ciò può includere la partecipazione ad attività che espandono la conoscenza e la prospettiva, cercare il supporto sociale quando necessario, imparare dagli errori e apprezzare i successi e le piccole vittorie. Inoltre, è importante continuare a mantenere una mente aperta e curiosa e adattarsi ai cambiamenti che si presentano.

Questo libro ha approfondito diversi modi per reinventarsi e adattarsi ai cambiamenti nella vita. Continuando a utilizzare questi concetti, si può mantenere un atteggiamento positivo e resiliente di fronte alle sfide e alle opportunità che si presentano.

La vita è un percorso di continua evoluzione e che il cambiamento fa parte integrante del nostro percorso di crescita personale. Continuare a reinventarsi significa mantenere una mente aperta e curiosa, imparare continuamente, sperimentare cose nuove, rimuovere i pregiudizi e abbracciare nuove idee. Questo atteggiamento ci aiuta ad affrontare le sfide e le difficoltà della vita in modo più flessibile e creativo, e ci permette di raggiungere i nostri obiettivi in modo più efficace e soddisfacente.

Adottare una mentalità aperta al cambiamento significa essere pronti a riconsiderare le proprie priorità e obiettivi di volta in volta, a seconda delle esigenze e delle opportunità che la vita ci presenta. Ciò richiede flessibilità e coraggio per uscire dalla propria zona di comfort e affrontare le sfide che ci si presentano lungo il cammino.

Continuare a reinventarsi nella vita richiede un atteggiamento mentale aperto al cambiamento, la volontà di apprendere continuamente e di sperimentare cose nuove, e la capacità di adattarsi alle diverse situazioni che la vita ci presenta. Spero che i principi e le strategie esplorati in questo libro possano essere di aiuto per coloro che cercano di intraprendere questo percorso di crescita personale e di miglioramento continuo

Ci sono diverse pratiche che possono aiutare a continuare a reinventarsi nella vita e ad adottare una mentalità aperta al cambiamento. Ecco alcuni suggerimenti pratici:

Apprendimento continuo: imparare nuove abilità, acquisire conoscenze, seguire corsi di formazione, leggere libri, partecipare a workshop, possono essere modi efficaci per continuare a sviluppare la propria mente e ampliare la propria prospettiva.

Assunzione di nuove sfide: prendere rischi, assumere nuove responsabilità, fare esperienze che mettano alla prova la propria zona di comfort, possono aiutare a sviluppare la propria resilienza e flessibilità mentale.

Ricerca di nuove esperienze: viaggiare, incontrare nuove persone, provare nuovi hobby, possono aiutare a scoprire nuove passioni, a conoscere nuove culture, e ad aprire la propria mente a nuove prospettive.

Riflessione e autovalutazione: prendersi il tempo per riflettere sulle proprie esperienze, sui propri successi e insuccessi, e sui propri obiettivi a lungo termine, può aiutare a capire quali sono le aree in cui si desidera svilupparsi e in cui si possono fare progressi.

Supporto e collaborazione: cercare il sostegno di amici, familiari, mentori, e collaborare con altre persone in progetti o iniziative, può aiutare a trovare nuove idee, ad acquisire nuove competenze, e a ottenere il supporto emotivo necessario per continuare a muoversi avanti.

In generale, l'importante è mantenere una mentalità aperta, essere disposti ad abbracciare il cambiamento, e adottare un approccio sperimentale e curioso alla vita, per continuare a reinventarsi e a crescere come individui.

Quando ci si reinventa, è inevitabile incontrare degli ostacoli e subire dei fallimenti. Tuttavia, è importante non lasciarsi scoraggiare da queste esperienze e utilizzarle come opportunità di apprendimento. Invece di vedere i fallimenti come indicazioni di incapacità personale, è importante utilizzarli come feedback per migliorare e progredire. Gli ostacoli possono essere affrontati attraverso l'adozione di una mentalità resilienti e l'utilizzo di strategie di problem solving. La capacità di superare gli ostacoli e i fallimenti è fondamentale per la reinvenzione personale, poiché consente di crescere e di progredire verso gli obiettivi desiderati.

Saper apprezzare i successi e le piccole vittorie è essenziale non solo per celebrare il lavoro svolto, ma anche per mantenere la motivazione e l'entusiasmo per il futuro. Quando ci si reinventa, può essere facile concentrarsi solo sugli obiettivi finali e dimenticare di apprezzare i passi avanti compiuti lungo il percorso. Tuttavia, prendersi il tempo per riconoscere e celebrare anche le piccole vittorie può aiutare a mantenere la motivazione e a sentire un senso di gratitudine per il lavoro svolto. Questo, a sua volta, può alimentare ulteriori progressi e reinvenzioni future.

Adottare una mentalità aperta e curiosa nella vita è essenziale per continuare a reinventarsi e per crescere personalmente e professionalmente. Nel corso di questo libro abbiamo esplorato diversi modi per sviluppare e mantenere questa mentalità, come l'identificazione e la rimozione dei pregiudizi, la sperimentazione di nuove cose, l'ascolto di idee diverse e l'apprezzamento della bellezza delle diversità culturali.

Abbiamo esaminato l'importanza di apprezzare i successi e le piccole vittorie lungo il percorso di reinvenzione, utilizzando la gratitudine come strumento per riconoscere ciò che abbiamo raggiunto e saper celebrare i successi con gli altri.

Ma la reinvenzione non è solo un processo di successi. È importante anche saper affrontare gli ostacoli e i fallimenti come parte del processo di crescita e di sviluppo personale. Infatti, è attraverso queste sfide che impariamo a superare i nostri limiti e ad adattarci alle nuove situazioni.

Per continuare a reinventarsi, è importante saper abbracciare il cambiamento e l'incertezza e adottare una mentalità di apprendimento continuo. Questo può significare assumere nuove sfide, cercare nuove esperienze e continuare ad espandere le nostre conoscenze e abilità.

In definitiva, adottare una mentalità aperta e curiosa nella vita ci permette di rimanere flessibili e adattabili al cambiamento, di apprezzare le diverse sfaccettature della vita e di continuare a reinventarci e a crescere come individui.

Adesso tocca a te!

Cari lettori,

Siamo giunti alla fine di questo viaggio attraverso il tema della reinvenzione personale. Spero che questo libro abbia fatto luce sui vari aspetti di questo processo e abbia fornito spunti e consigli utili per affrontarlo.

La vita è un percorso di cambiamento continuo, e l'unica cosa che possiamo fare è adattarci e reinventarci costantemente. Il cambiamento può spaventare, ma ricordate che è la chiave per il nostro sviluppo personale e per raggiungere i nostri obiettivi.

Siate sempre curiosi e aperti alla sperimentazione di nuove cose. Siate sempre pronti ad assumervi nuove sfide e ad apprendere continuamente. Ricordate che l'apprendimento non finisce mai, e che la vita stessa è una grande lezione che ci offre sempre nuove opportunità di crescita.

Siate coraggiosi nel perseguire i vostri sogni e non lasciatevi mai scoraggiare dai fallimenti. Ricordate sempre di apprezzare i successi e le piccole vittorie lungo il percorso, perché sono loro che vi daranno la forza e la motivazione per andare avanti.

Infine, vi invito a rimanere aperti e curiosi nei confronti del mondo che vi circonda. Ogni giorno offre nuove opportunità di apprendimento e di crescita personale. Siate pronti a coglierle al volo e a sfruttarle al massimo.

Vi auguro il meglio in questo meraviglioso viaggio della vita e vi ringrazio per avermi accompagnato fino alla fine di questo libro.

Pubblicato in Aprile 2023
Prima edizione

www.ingramcontent.com/pod-product-compliance
Lightning Source LLC
Chambersburg PA
CBHW070402220526
45467CB00001B/462